JN349629

초등학생이 알아야 할

바다 100가지

더 많은 정보를 얻고 싶다면

어스본 바로가기(usborne.com/quicklinks)에 방문해서
검색창에 'things to know about the oceans'를
입력해 보세요. 이 책에 나오는 많은 정보들을 더 알아볼 수 있고,
놀라운 해양의 야생 동물들과 바다의 다른 비밀에 관해서도
더 많은 내용을 발견할 수 있어요.

우리가 추천하는 웹사이트에서는
다음과 같은 활동들을 해 볼 수 있어요.

- 몸집은 작지만 치명적인 파란고리문어 만나기
- 수중 실험실을 가상 여행하기
- 향유고래, 파랑비늘돔, 그리고 다른 바다 생물들이 자는 모습 살펴보기
- 남극 빙하 아래에 있는 얼어붙은 세계 탐험하기
- 네덜란드가 바다를 농경지로 만들기 위해 활용한 풍차의 내부 살펴보기
- 거대한 태평양 쓰레기 섬과 플라스틱 오염을 막을 방법 찾기

어스본 출판사는 '어스본 바로가기' 이외의 정보 이용에 대한 법적 책임을 지지 않습니다.
어린이가 인터넷을 사용할 때에는 반드시 부모님께서 지켜보면서 지도해 주세요.

초등학생이 알아야 할

바다 100가지

제롬 마틴, 알렉스 프리스, 앨리스 제임스,
란 쿡, 미나 레이시, 리지 코프 글

도미니크 바이런, 데일 에드윈 머레이,
페데리코 마리아니, 쇼 닐슨, 제이크 윌리엄스 그림

제니 오플리, 윈섬 다브루, 틸리 키칭,
렌카 흐레호바, 사무엘 고램 디자인

송지혜 옮김

1 땅의 행성 '지구'가 아니라…

물의 행성 '수구'라고 불러야 할지도 몰라요.

대부분의 언어에서 우리 행성을 가리키는 단어는 *땅*이나 *토양* 또는 그냥 *흙*을 뜻하는 말이 많아요. 하지만 만약 외계 탐험가들이 우리 행성을 찾아온다면, 가장 그들 눈에 띄는 것은 바로 행성 표면의 물일 거예요.

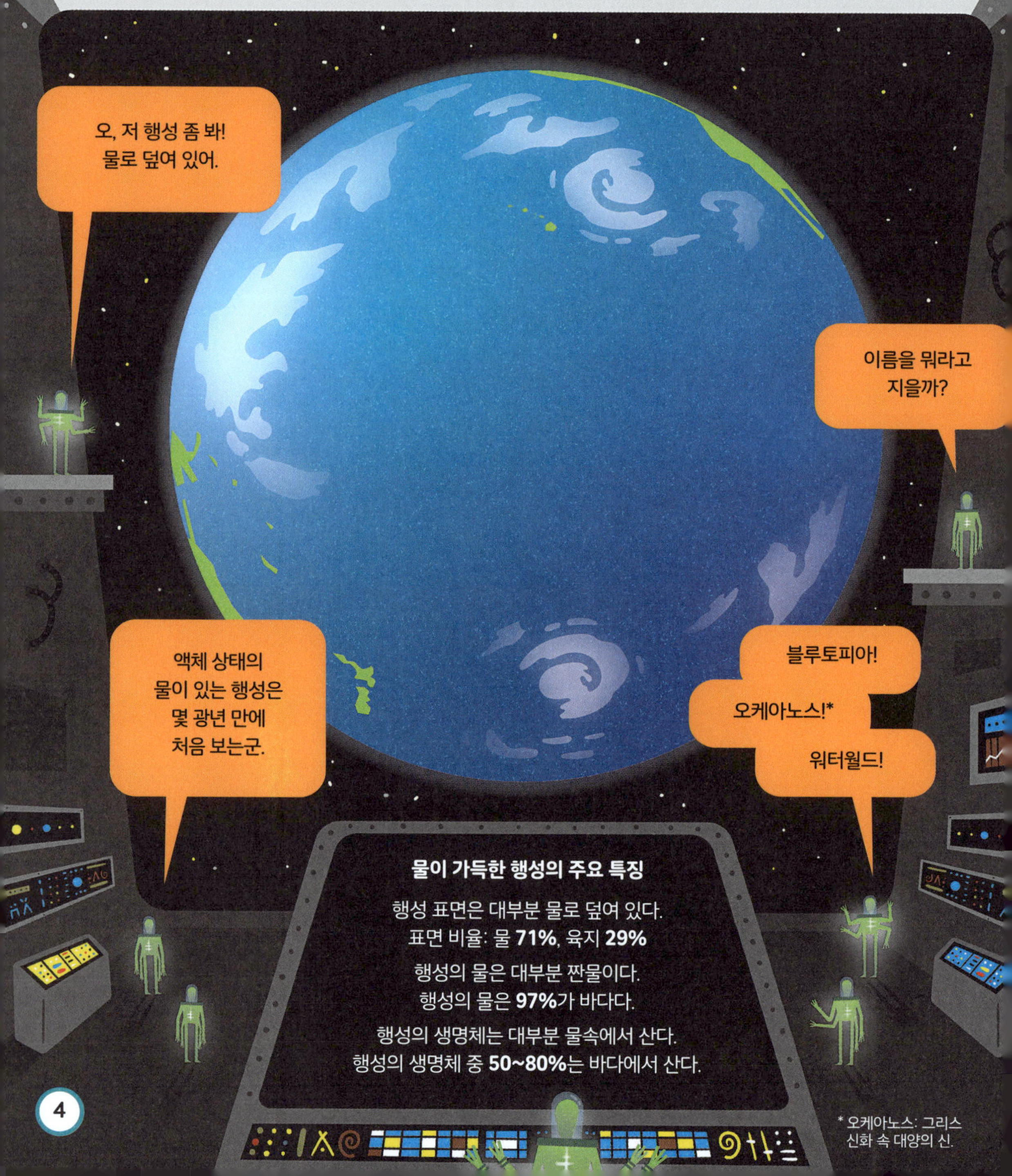

오, 저 행성 좀 봐! 물로 덮여 있어.
이름을 뭐라고 지을까?
액체 상태의 물이 있는 행성은 몇 광년 만에 처음 보는군.
블루토피아!
오케아노스!*
워터월드!
물이 가득한 행성의 주요 특징
행성 표면은 대부분 물로 덮여 있다.
표면 비율: 물 **71%**, 육지 **29%**
행성의 물은 대부분 짠물이다.
행성의 물은 **97%**가 바다다.
행성의 생명체는 대부분 물속에서 산다.
행성의 생명체 중 **50~80%**는 바다에서 산다.

* 오케아노스: 그리스 신화 속 대양의 신.

2 빙산이 내는 쉬익 소리는…

아주 오래전에 생긴 공기 방울 때문이에요.

빙산은 대개 오랜 시간에 걸쳐 층층이 쌓인 얼음으로 이루어져 있어요. 각각의 층에는 주변의 물이 얼 때 갇혀 버린 공기 방울이 들어 있어요. 바다에서 빙산이 녹으면, 이 공기 방울들이 터지면서 그 속에 있던 공기가 쉭 하고 수면 위로 빠져나와요.

쉬이이
이 소리를 들어봐.
수중 청음기
뚝뚝
톡톡
쉬이익
슈우욱

빙산 표면에 있던 작은 공기 방울에서 *수백 년* 전의 공기가 빠져나오면서 쉭쉭, 톡톡 하는 소리가 나는 거예요.

수중 청음기 같은 낯선 단어들의 뜻이 궁금하다면 124~125쪽에 나와 있는 낱말 풀이를 보세요.

3 지구에서 가장 큰 무리를 짓는 것은…

물고기예요.

대서양 청어는 동물들 중에서 가장 큰 규모로 모이는 것으로 유명해요. 어부들은 종종 *아주 거대한* **청어 떼**가 만들어진다는 것을 이미 알고 있었지요. 하지만 과학자들은 2000년대 초반에야 그 마릿수를 기록하기 시작했어요.

청어는 대개 깊은 바닷속에서 헤엄치지만, 무리 지어 얕은 바다로 가서 오랜 시간 지낼 때도 있어요.

청어 떼가 빽빽이 모여드는 바람에 항해가 불가능해. 꼼짝도 할 수 없다고!
청어 떼 한 무리에는 청어가 **2억 5천 마리**나 있고 무게는 **5만 톤**이 넘는다는 말을 들었어.
또 이런 청어 떼는 **폭**이 무려 **40킬로미터**에 이른다고 해. 당분간 여기 그대로 있어야겠는걸!

과학자들은 청어가 *왜* 이렇게 거대한 무리를 이루는지 정확히 알 수 없지만, 무리를 이루면 짝을 찾는 데 도움이 될 거라고 생각해요.

4 바다 밑에 있는 산들은…

봉우리는 우거지고 산 아래는 헐벗은 모습이에요.

바닷속에 있는 웅장한 산은 '**해저산**'이라고 불리는데, 해저의 일부가 불쑥 솟아오른 거예요. 이 해저산의 봉우리 부분은 보통 생명체로 가득하지만, 아랫부분은 황량하고 바위로 이루어져 있어요. 육지의 산과는 정반대의 모습이지요.

육지의 산
민둥한
바위, 눈과
얼음
높은 지대는
나무가 살아남는 데
필요한 공기와 토양이
부족해요.
울창한
나무숲
해저산
울창한
산호 숲
민둥한
바위
바다 깊은 곳에는 산호가
잡아먹을 수 있는 먹이가
거의 떠다니지 않아요.

5 해적들이 불을 꺼야 하는 시간은…

8시였어요.

해적들은 종종 사나운 무법자로 여겨지지만, 많은 해적 선장이 바다에서 안전하게 지내기 위해 엄격한 규칙을 만들어서 지키도록 했어요. 그중에는 정해진 시간에 촛불과 등불을 끄는 일도 포함되어 있었지요.

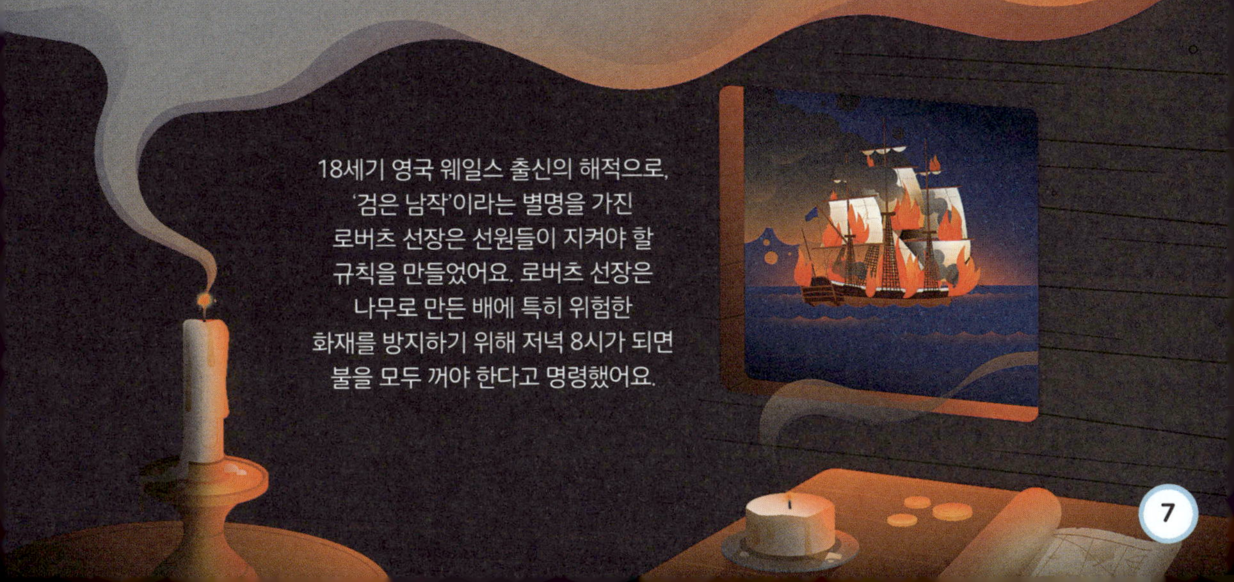

18세기 영국 웨일스 출신의 해적으로,
'검은 남작'이라는 별명을 가진
로버츠 선장은 선원들이 지켜야 할
규칙을 만들었어요. 로버츠 선장은
나무로 만든 배에 특히 위험한
화재를 방지하기 위해 저녁 8시가 되면
불을 모두 꺼야 한다고 명령했어요.

6 동쪽으로 가려면 북쪽을 향해 가세요…

그게 바로 대서양을 건너는 비결이에요.

북대서양의 물은 일정한 방향으로 도는 소용돌이를 따라 움직이는데, 바로 **대서양 환류**예요.
수백 년 동안 선원들은 서쪽에서 동쪽으로 가장 빨리 항해하려면,
대서양 환류를 타고 배를 북쪽으로 나아가게 하면 된다는 사실을 알았어요.
그런데 이건 마치 잘못된 방향을 향해 출발하는 것처럼 보이지요.

대서양 환류 지도

기호 설명

- 멕시코 만류
- 북대서양 해류
- 북적도 해류
- 해류의 방향
- 기아나 해류
- 카나리아 해류
- 플로리다 해류
- 해류가 만나는 지점

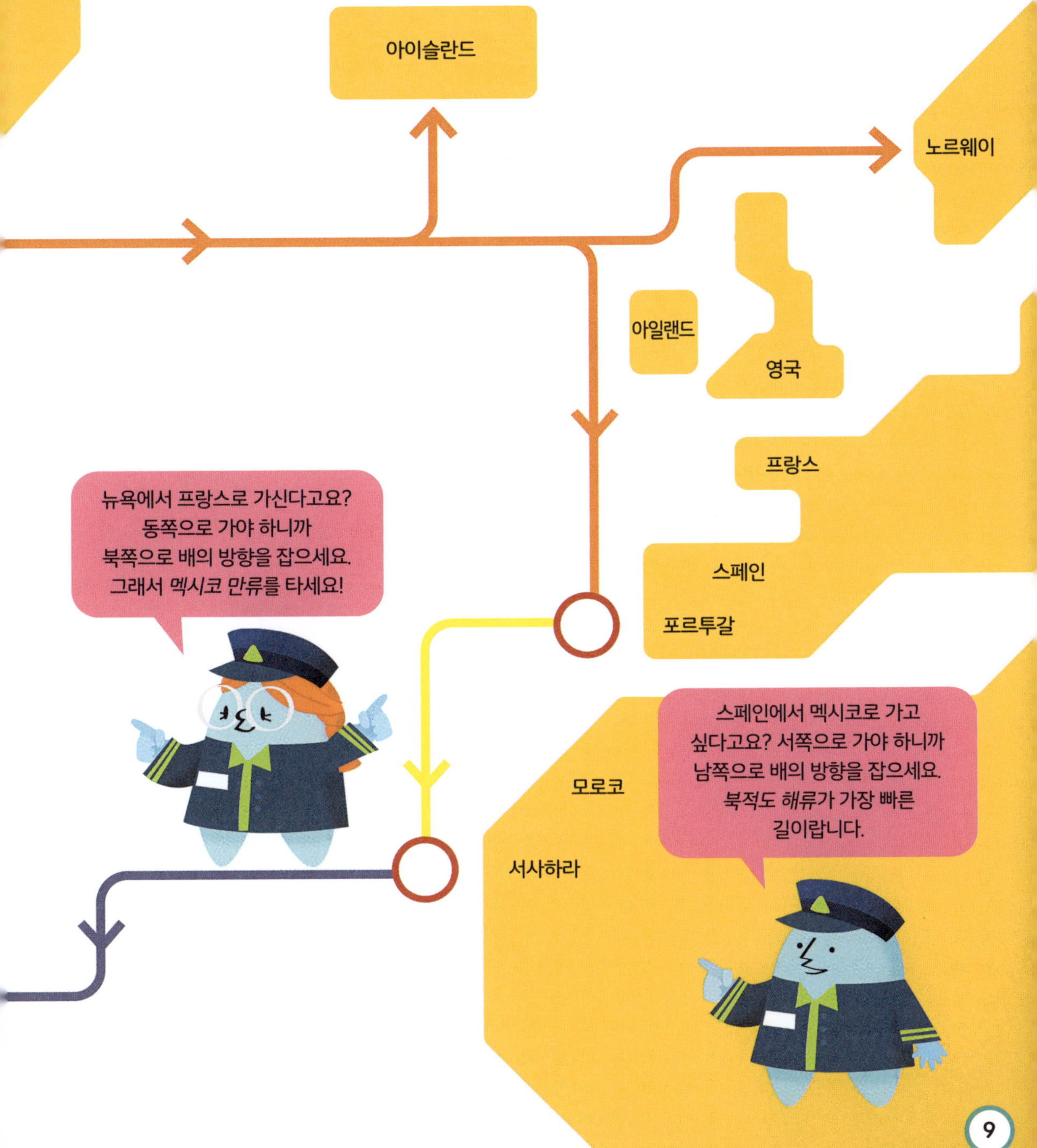

7 검은 모래 해변은…

눈 깜짝할 사이에 만들어져요.

모래 해변 중에서 가장 흔한 것이, 연한 색의 석영 결정이 수천 년 동안 바람과 파도에 닳고 닳아서 작은 알갱이가 된 거예요. 하지만 모래 중에는 거의 순식간에 만들어지는 종류도 있어요. 그러면 하룻밤 사이에 해변이 통째로 나타나기도 해요.

하룻밤 새 나타나는 해변은 용암(화산에서 분출되는 액체 상태로 녹아 있는 바위)이 바다로 쏟아졌을 때 생겨날 수 있어요. 단 두 가지의 재료로 만드는 간단한 요리라고 생각해 보세요.

내용물: 얼음처럼 차가운
바닷물
어스본 표
집에서 즐기는
즉석 해변 세트
검은 모래를
가득 만들고 싶다면
용암만
추가하세요!
검은
화산 모래
즉석 조제
공식
하와이 정통 요리법!
푸날루우 해변,
와이피오 계곡,
카이무 해변과 그 밖에
여러 곳에서 볼 수 있어요.
*용암은 아주 뜨겁습니다. 액체 상태의 암석이 차가운 물에 닿으면
그 즉시 큰 충격과 함께 폭발하여 반짝이는 검은 화산 모래를
만들어 내므로, 적절한 안전 장비를 사용하시기 바랍니다.

8 선원들이 부르는 뱃노래는…

돛을 올려 배를 출항시킬 때 힘이 나게 해 주었어요.

뱃노래는 선원들의 삶에 없어서는 안 될 요소였어요. 아래는 영국과 미국 선원들이 불렀던 뱃노래 **샨티** 중 한 곡이에요.

선원이 배를 타고 바다로 떠날 준비를 할 때

가자, 출발하세, 조!

선장이 물었네, "친구여, 노래할 수 있겠는가?"

힘차게 출발하세, 그러지 않으면 가라앉을 테니.

노래를 잘하든 못하든, 즐겁게 부르든 조용히 부르든

가자, 출발하세, 조!

노래를 부르지 않으면 항해도 할 수 없기 때문이지.

위로는 사나운 바람이 불고 아래로는 거친 파도가 인다네!

그렇다네, 오래전부터 긴 돛대가 있는 배를 타고서

가자, 출발하세, 조!

사나이들은 노래를 부르며 밧줄을 잡아당겼지.

힘차게 출발하세, 그러지 않으면 가라앉을 테니.

경쾌한 노랫소리가 선원들에게 힘을 북돋아 주는구나,

가자, 출발하세, 조!

박자에 맞춰 잡아당기고 리듬에 맞춰 들어 올려라.

위로는 사나운 바람이 불고 아래로는 거친 파도가 인다네!

9 향유고래는 몸을 세워요…

그렇게 하고 잠을 자지요.

향유고래는 낮잠을 잘 때 몸을 펴서 수직으로 세우고는 해수면 바로 아래에서 떠다녀요. 과학자들은 물살에 흘러 다닌다고 해서 이것을 '**표류 잠수**'라고 불러요.

향유고래는 잠을 하루에 여러 번 나눠서 자요. 한 번 잘 때마다 10~15분씩 움직이지 않고 깊은 잠을 자지요.

향유고래는 보통 5~6마리가 함께 모여서 잠을 자요.

고래들은 자는 동안 숨을 쉬지 않아요. 숨을 쉬려면 잠에서 깨야 해요.

향유고래의 일생에서 수면이 차지하는 시간은 단 7퍼센트뿐이에요. 지구상 어떤 포유동물보다도 잠을 적게 자는 거예요.

10 깃발을 거꾸로 달면…

배가 위험에 빠졌다는 뜻이에요.

바다에서 조난 위험에 처했을 때, 선원들은 무선 통신 장치나 전화기, 위성 비콘(신호를 보내 위치 정보를 전달하는 장치)으로 도움을 요청할 수 있어요. 하지만 이 모든 방법이 다 실패한다면 남은 건 깃발뿐이에요.

전 세계의 선원들이 사용하는 조난 신호들이야.
이 중 몇몇은 수백 년 동안 사용되었지.
거꾸로 단 국기,
가운데 매듭을 지은 국기,
N기
C기
바다에서 사용하는 알파벳 신호기인 N기와 C기야.
선원들이 팔을 위아래로 흔들거나,
아래 검은 공이 달린 정사각형 검은 깃발,
붉은 불꽃을 내는 신호탄을 사용했어.
그걸 이제야 말하다니!
우리 배가 침몰하기 전에 이런 이야기를 해 주었어야지!
선장들은 국제법과 국제협약에 따라 위험에 처한 다른 배를 도와야 할 의무가 있어.

11 자유자재로 모습을 바꾸는 덕분에…

갑오징어는 바다에서 안전하게 살아요.

갑오징어는 몸 색깔, 무늬는 물론 질감까지도 주변 환경에 맞추어 바꾸는 놀라운 능력을 가지고 있어요. 과학자들은 이를 환경에 적응한 '**적응형 위장술**'이라고 불러요.

갑오징어의 패션쇼
시시각각 변하는 변장의 귀재
갑오징어는 오징어와 문어처럼 몸이 부드러운 바다 생물에 속해요. 갑오징어는 산호초에서 많이 살아요.
분홍색과 주황색을 띠고 있는 갑오징어는 잘 자란 밝은색 산호초 속에 있으면 잘 보이지 않아요.
갑오징어는 움직이면서 주위 환경과 비슷하게 자신의 무늬를 바꾸기 때문에 먹잇감 또는 갑오징어를 잡아먹으려는 포식자가 눈치채기 힘들어요.
하얗게 변한 산호가 모여 있는 곳에서는 갑오징어가 몸을 연한 색으로 바꾸어요.
갑오징어의 등에 크고 작은 돌까지 얹어지면 변장이 더욱더 완벽해지지요.
갑오징어는 바위나 조약돌을 이용해 몸의 윤곽이 보이지 않게 만들 수도 있어요. 윤곽을 깬다고 해서 이것을 '**파괴적 위장술**'이라고 해요.

자, 이제 새로운 모습으로
등장할 차례입니다!

갑오징어는 **색소포**라고 불리는 특별한 세포를 이용해 색과 무늬를 바꾸어요. 색소포는 색소가 들어 있는 작은 주머니예요. 갑오징어는 이 색소포가 수축하거나 팽창함으로써 색을 바꿀 수 있어요.

몸을 검게 만들면 어두운 구석이나 밤에 완벽하게 숨을 수 있어요.

해조류 사이에 숨기 위해서 갑오징어는 몸 색깔을 녹색으로, 질감도 해조류처럼 바꾸어요.

과학자들은 색과 무늬를 바꾸는 갑오징어의 능력에 당황했어요. 왜냐하면 갑오징어는 색을 구분하지 못하거든요. 갑오징어의 눈은 단지 명암을 구분할 수 있을 뿐이에요.

색과 무늬를 바꾸는 게 단지 위장을 하기 위해서만은 아니에요. 갑오징어는 서로 의사소통을 하기 위해 모습을 바꾸기도 해요.

갑오징어가 서로 싸울 때에는 몸에 줄무늬가 나타나요.

12 가장 큰 것, 가장 빠른 것, 가장 긴 것…

가장 오래된 것, 가장 시끄러운 것, 가장 깊이 들어가는 것.

가장 큰 눈알

지름 27cm

남극하트지느러미오징어는
동물의 세계에서 눈이 가장 커요.
눈알 하나가 거의 볼링공만 해요.

가장 빠른 주먹

초속 23m

갯가재는 그 어떤 동물보다도 빠르고 강력한 주먹을
뻗어 먹잇감을 때려요. 만약 사람이 갯가재 속도의
10분의 1 정도로라도 주먹을 휘두를 수 있다면,
지구궤도까지 야구공을 보낼 수 있을 거예요.

가장 긴 이빨

1cm 남짓

크다는 느낌이 안 들지도 모르지만,
이빨물고기(바이퍼피시)는 머리 크기에 대비해 보면
동물 중에서 이빨이 가장 길어요.
사람의 이가 사람 머리 크기의 절반쯤으로
길게 나 있다고 상상해 보세요.

가장 오래 산 동물

약 11,000년

심해유리해면은 남중국해와 인도양에서 발견되었어요. 지금까지 발견된 것 중 가장 오래된 생물이에요. 이 심해유리해면의 생명이 시작되었을 때 인간은 여전히 석기 시대를 벗어나지 못하고 있었지요.

가장 시끄러운 목소리

236데시벨

향유고래는 지구상에서 가장 시끄러운 동물이에요. 사람의 말소리는 보통 약 60데시벨(dB) 정도예요. 그에 비하면 향유고래가 내는 끼이익, 따다닥 하는 소리는 원자폭탄이 터지는 것만큼이나 시끄러워요.

가장 깊은 곳에 사는 물고기

8,178m

마리아나꼼치는 가장 깊은 바닷속을 헤엄치는 물고기예요. 전 세계 바다 중 가장 깊은 마리아나 해구에서 엄청난 수압을 견디며 사는 몇 안 되는 생물 중 하나지요. 그곳의 수압은 코끼리 약 1,600마리를 머리 위에 이고 있는 것과 비슷하답니다.

13 홍해는 붉은색이 아니에요…

하지만 황해는 노란색이 맞아요.

세계 곳곳에는 선명한 빨간색, 눈부신 하얀색, 칠흑 같은 검은색처럼 특별하고 특이한 색을 나타내는 바다 이름들이 있어요. 하지만 이 중에서 실제로 이름과 어울리는 바다는 황해뿐이에요.

황해

위치: 중국과 한국 사이

이름의 유래:
고비 사막에서 날아오는
모래 때문에
노란색이 되었어요.

홍해

위치: 이집트와 아라비아반도 사이

이름의 유래(추정):
붉은 색소를 가진 박테리아가
때때로 해수면에 많이 증식해,
옅은 분홍색 또는
붉은색을 띠게 만들어요.

백해

위치: 러시아 북부

이름의 유래(추정):
① 매년 최대 6개월까지
얼음으로 뒤덮여 있어요.
② 얼음의 맑은 표면이
종종 하늘의 구름을 반사해
바닷물이 하얗게 보여요.

흑해

위치: 러시아와 우크라이나,
터키 사이

이름의 유래(추정):
① 폭풍이 해저에 깔린 검은 진흙을
휘저어 물을 검게 만들어요.
② 생물들이 거의 살지 않아요.

14 아주 작은 바다 생물 덕분에…

우리가 숨을 쉴 수 있어요.

우리가 호흡하는 데 필요한 산소는 대부분 바다에서 사는 식물과 다른 여러 생물이 만들어요.
그런데 그 산소의 5분의 1을 단 한 종의 식물성 박테리아가 만들어 내요.
바로 '**프로클로로코쿠스**'라는 식물 플랑크톤이에요.

크기가 무척 작아요…
100개쯤 줄을 세워야 겨우 우리 머리카락 한 올 굵기와 같아져요.

…하지만 그 수는 엄청 많아요.
프로클로로코쿠스는 지구에서 수가 가장 많은 생물에 속해요. 전 세계에 최대 **3000자*** 마리가 있을 거라고 해요. 3 뒤에 0이 27개나 있는 수예요!

* 큰 수를 나타내는 단위는 '만, 억, 조, 경, 해, 자…'로 나가는데 그중 '자'는 10^{24}, 즉 0이 24개예요.

산소는 어디서, 얼마나 만들어질까요?
3,000,000,000,000,000,000,000,000,000
땅에서는…
30퍼센트를 나무, 풀, 관목 등 육지의 여러 생물이 만들어요.
20퍼센트를 프로클로로코쿠스 하나가 담당해요. 한 종의 생물이 만들어 내는 산소로는 가장 많아요.
50퍼센트를 해초나 조류 같은 해양 식물이 생산해요.
바다속에서는…
프로클로로코쿠스는 '**광합성**'이라는 과정을 통해 산소를 만들어요. 광합성은 **태양빛**에서 받은 에너지를 이용해서…
…**이산화탄소**와 **물**을 성장에 필요한 화학물질로 바꾸어요.
이 과정에서 **산소**가 생겨나는데, 산소는 바다와 공기 속으로 방출되지요.

15 1866년의 홍차 경주에서…

두 척의 배가 앞섰지만, 승리는 둘 다 놓치고 말았어요.

1840년대부터 화물을 운반하는 쾌속 범선(클리퍼)이 중국에서 영국으로 차를 실어 날랐어요. 홍차를 실었다고 해서 이 배를 '**티 클리퍼**'라고 불렀어요. 해마다 중국에서 처음 수확한 차를 영국으로 가장 먼저 운송하기 위해 배들은 경주를 했어요. 경주에서 이기면 가장 비싼 값에 차를 팔 수 있었고 상금도 받았어요. 하지만 1866년에 모든 게 어그러지고 말았어요.

5월 28일, 티 클리퍼 다섯 척이
몇 시간 간격으로
중국 푸저우항을 떠났어요.
아리엘호
배들은 런던을 향해 질주했어요.
각각의 배에는 약 **2억 4천만 잔**
분량의 차가 실려 있었어요.
태핑호

16 미래의 배는…

과거의 배를 많이 닮은 모습일지도 몰라요.

1870년대에는 증기 기관과 프로펠러를 사용한 새로운 배가 만들어졌어요. 돛의 시대는 끝나 버린 것 같았지요. 하지만 엔진으로 움직이는 배가 100년이 넘도록 바다를 지배하고 있지만, 기술자들은 여전히 배의 디자인을 개선하기 위한 연구를 계속하고 있어요. 그중에는 돛이 있는 배도 있지요.

1840년대~1880년대: 티 클리퍼
- 파도를 뚫고 갈 수 있게 설계된 좁은 선체와 뾰족한 뱃머리
- 한 줄로 선, 높이 솟은 돛대 3개
- 돛을 30개 이상 달 수 있음.

너무 느림

1870년대~1940년대: 증기 화물선
- 강철로 만든 좁은 선체와 뭉툭한 뱃머리
- 증기의 힘으로 돌아가는 스크루 프로펠러

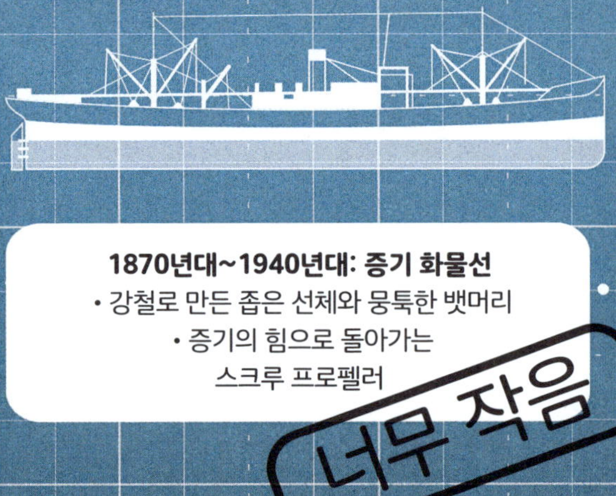

너무 작음

배들이 99일간 쉬지 않고
항해를 하는 동안 각지의 신문들이
그 과정을 보도했어요. 항해 역사상
정말 대단한 경주였지요.

마침내 그중 두 척(아리엘호, 태핑호)이
몇 분 간격으로 앞서거니 뒤서거니
런던에 도착했어요. 경쟁자였던 그 두 배는
상금을 나누어 가지기로 했는데…

…한편, 홍차 경주가 시작된 지 7일 뒤에
증기선 *얼킹호*도 푸저우항을 출발했어요.
물론 *얼킹호*도 차를 싣고 있었지요.

*얼킹호*는 증기 기관으로 프로펠러를 돌려
항해를 했는데, 먼저 출발한 티 클리퍼들보다
15일 *앞서서* 이미 런던에 도착했어요.
당연히 가장 비싼 값에 차를 팔았지요.

이때부터 티 클리퍼가 상을 받는 일은 더 이상
일어나지 않았어요. 그리고 얼마 지나지 않아
증기 기관이 돛을 완전히 대신하게 되었지요.

1940년대~오늘날: 산적 화물선
- 강철로 된 넓은 선체와 둥근 뱃머리
- 나란히 선 크레인으로 곡물이나 석탄 같은 화물을 싣고 내림.
- 값싼 경유로 강력한 엔진을 움직이지만, 바다와 공기를 오염시킴.

좀 더 깨끗한 연료를 찾기 위해 특히 많은
노력을 기울이고 있지만, 어떤 기술자들은
연료 사용을 줄이기 위해 돛과 엔진을
결합한 새로운 배를 시험하고 있어요.

가까운 미래: 화물 범선
- 좀 더 좁아진 선체와 좀 더 뾰족해진 뱃머리
- 컴퓨터로 제어하는 비행기 날개 모양의 단단한 돛
- 조금 느리고 조금 작아도, 훨씬 깨끗한 배

17 산성비와 소금 바위는…

바닷물을 짜게 만들어요.

약 38억 년 전 지구에 바다가 형성되었을 때, 바다는 짠물이 아니라 민물로 가득 차 있었어요. 만약 비가 오지 않았다면 계속 그 상태로 머물러 있었을 거예요.

1
비는 순수한 물이 아니에요. 적은 양의 화학물질을 포함하고 있어서 약간의 산성을 띠고 있지요.
2
이 같은 약한 산성비가 바위가 많은 지역에 내리면, 바위에서 약간의 무기염이 녹아 나오고…
3
…그 물이 개울과 강으로 흘러 들어간 다음, 다시 바다로 흘러가요.
이 과정은 수십억 년 동안 진행되었고, 지금도 계속되고 있어요.

324미터
오늘날 바다에 있는 소금의 양이면 **150미터**가 넘는 두께로 **지구의 육지를 모두** 덮을 수 있을 거라고 해요.
그 정도로 소금이 쌓이면 에펠탑이 반밖에 보이지 않을 거야!
150미터
위에서 내려다본 풍경은 내가 생각했던 것과는 많이 달랐어.

18 여자가 배에 타는 걸 불길하게 여겼어요…

다만 출산을 앞둔 여성만 빼고요.

전통적으로 유럽 선원들은 미신을 많이 믿었어요. 하지만 미신들 사이에 일관성은 없었지요. 한때는 항해 중에 아기가 태어나면 행운의 징조라 여겼지만, 그러면서도 여자가 배에 타는 것은 불길하게 생각했어요.

19 거대한 쓰레기 더미가 있어요.

태평양의 해류가 닿는 곳이라면 어디라도…

바닷물은 **해류**라고 부르는 빠르게 움직이는 긴 물길을 따라 끊임없이 이동해요. 북태평양에 버려진 플라스틱 쓰레기들을 따라가면 마지막 목적지에 도착해요. 해류가 쓰레기들을 거기까지 데려간 거예요.

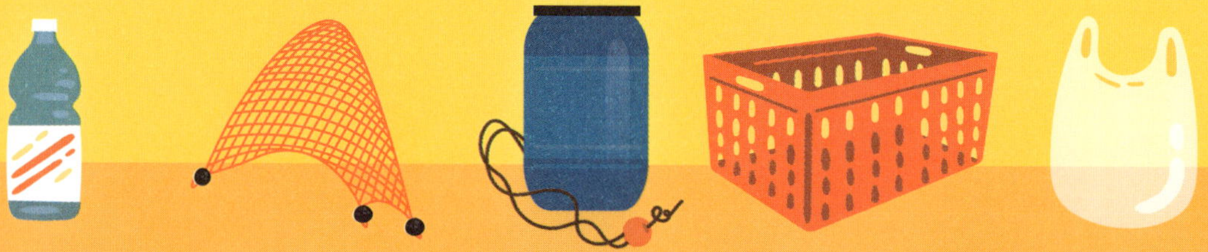

미국 캘리포니아의 유람선에서 병이 하나 떨어졌어요.

과테말라에서 그물을 배 밖으로 내팽개쳤어요.

일본에서 낡은 낚시 도구들을 내버렸어요.

멕시코 연안에 대형 상자가 버려졌어요.

하와이에서 비닐 봉지가 바다로 떠내려갔어요.

캘리포니아 해류

적도 반류

쿠로시오 해류

북적도 해류

북태평양 해류

재활용 처리 공장

플라스틱 쓰레기들은 원래 가야 할 재활용 처리 공장에 거의 도착하지 않아요.

이 해류들은 물살이 너무 강해서 쓰레기가 멋대로 떠다닐 수 없어요. 결국 엄청난 쓰레기 소용돌이 속으로 함께 빨려 들어가 버려요.

매립지

매립지에 도착하는 쓰레기도
거의 없어요.

해안가

어떤 쓰레기들은
해변으로 밀려 올라와요.

거대한 태평양 쓰레기 섬

거의 모든 쓰레기는 **거대한 태평양 쓰레기 섬**으로 모여요.
물 위에 떠다니는 이 쓰레기 섬은 넓이가 프랑스의 **3배가** 넘을 만큼 엄청나게 커요.
전 세계 바다에는 이와 같은 쓰레기 섬이 4개나 더 있어요.

20 소라게는 집을 바꿀 때…

자신의 경호원도 데려가요.

집게라고도 부르는 소라게는 빈 소라 껍데기 안에서 살아요. 소라게 중에는 좀 더 안전하게 하기 위해 껍데기 위에다 마치 경호원처럼 말미잘을 올려놓는 종류도 있어요. 그러고 나면, 소라게와 말미잘은 무슨 일이 있어도 함께 꼭 붙어 다녀요.

소라게가 자라서 껍데기가 맞지 않게 되면…

1. 이사를 갈 더 큰 껍데기를 찾아요.
2. 예전 껍데기 집에 붙어 있던 말미잘을 떼어 내어…
3. …그 말미잘을 새집에 올려놓아요.

말미잘은 톡 쏘는 촉수가 있어서 그걸로 적을 쫓아내거나 위험을 알려 줘요. 덕분에 소라게는 안전하게 지낼 수 있어요.

소라게와 함께하는 건 말미잘에게도 이익이에요. 소라게에 실려 해저를 돌아다니며 더 많은 먹이를 먹을 수 있으니까요. 소라게가 남긴 먹이도 얻어먹을 수 있어요. 이처럼 동물들이 서로 이익을 얻는 관계를 **공생 관계**라고 해요.

21 흔들리는 생명체들이…

해안가를 빛나게 만들어요.

세계의 바다 중 일부 만과 해안가에는 '**와편모조류**'라고 불리는 작은 수생 생물들이 가득 차 있어요. 이 와편모조류 때문에 때때로 어둠 속에서 빛이 나는 바다가 있어요.

와편모조류는 물에서 사는 단세포 생물이에요. 여기에 속한 많은 종들이 **생물 발광**을 해요. 생물 발광이란 생물 스스로 빛을 낼 수 있다는 뜻이에요.

와편모조류의 몸속에 빛을 낼 수 있는 '**루시페린**'이라는 화학물질이 있어서 반딧불이처럼 반짝거려요.

빛을 내는 생물들은 대부분 몸이 흔들릴 때 빛이 잘 생겨요. 그러니까 파도가 해변에 부딪히거나 사람들이 물을 휘젓는 곳에서 가장 밝게 빛나지요.

과학자들은 왜 이런 현상이 일어나는지 확실히 알 수는 없지만, 포식자들을 겁주는 데는 도움이 될 거라고 말해요.

22 북극해를 찻잔에 담을 수 있다면…

태평양을 담는 데는 양동이가 필요해요.

태평양은 아주 넓고 아주 깊어서 전 세계 바닷물의 거의 '절반'쯤 차지하고 있어요. 가장 작은 바다는 북극해로, 물의 양도 가장 적어요.

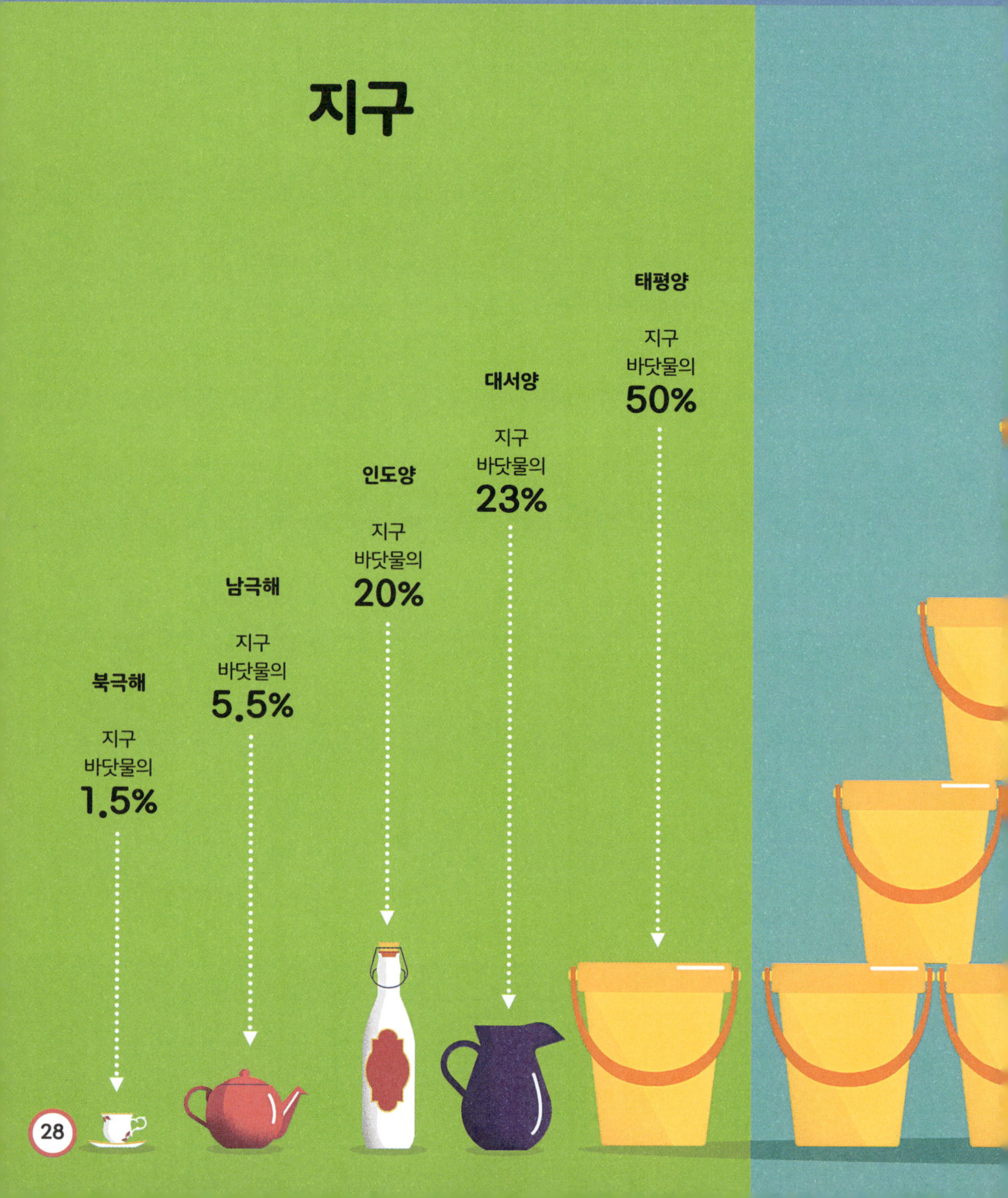
지구
태평양
지구 바닷물의 50%
대서양
지구 바닷물의 23%
인도양
지구 바닷물의 20%
남극해
지구 바닷물의 5.5%
북극해
지구 바닷물의 1.5%

23 태평양 53개가…

'가니메데'의 지표면 아래 숨겨져 있어요.

지구가 물의 행성이긴 하지만, 사실 물이 가장 많다고 알려진 곳은 따로 있어요. 목성의 제일 큰 위성인 가니메데는 지구보다 훨씬 작지만, 과학자들은 암석과 얼음으로 된 가니메데의 지표면 아래에 깜짝 놀랄 정도로 거대한 소금 바다가 있을 거라는 표시를 찾아냈어요.

가니메데

과학자들은 가니메데의 지하 바다가 얼마나 큰지는 정확히 알 수 없지만, 지구의 가장 큰 바다와 견주면 어림잡아서

53배

정도 많은 물이 있을 거라고 생각해요.

어림잡아서 계산한 가니메데 바다의 총 부피:

345억 세제곱킬로미터

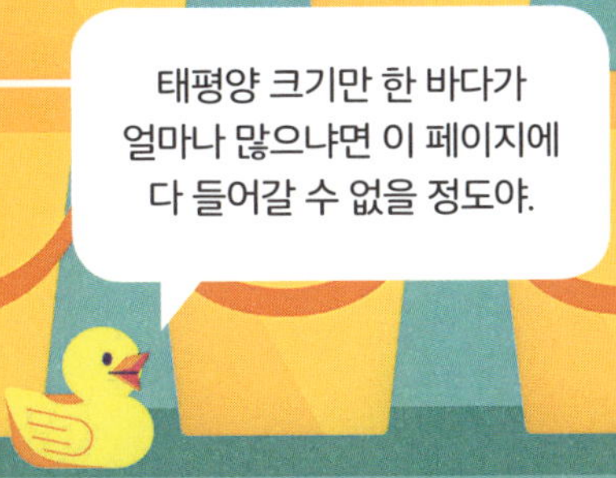
태평양 크기만 한 바다가 얼마나 많으냐면 이 페이지에 다 들어갈 수 없을 정도야.

24 먹장어의 점액 한 방울이면…

상어의 공격도 막을 수 있어요.

먹장어는 뱀장어와 닮은 물고기로, 뼈도 없고 눈도 보이지 않아요.
주로 바다 밑바닥에서 죽은 생물을 먹고 살지요.
먹장어는 오랜 세월에 걸쳐 포식자에게서 자신을 보호하는,
조금 징그럽지만 아주 훌륭한 방법을 찾아냈어요.
바로 점액이에요.

먹장어는 자신보다 큰 물고기나
상어 같은 포식자의 공격을 받으면
기다란 몸을 따라 나 있는 구멍들에서
끈적끈적한 물질을 내보내요.

이 끈적끈적한
물질은 물속에서
그 양이 **10,000배**까지
빠르게 늘어나서…

…끈적끈적하고 숨 막히는
뿌연 점액 구름이 되어
자신을 공격한 물고기의
입과 눈, 아가미를
덮어 버려요.

먹장어가 자기 몸에 남아 있는
점액을 씻어 내는 방법은
간단해요. 뼈가 없는 몸으로
매듭을 지은 다음, 매듭을 한쪽
끝에서 다른 쪽으로 밀어내며
점액을 쭉 밀어 버리지요.

25 한쪽 편에게는 무서운 해적이…

다른 편에게는 영웅이 될 수 있었어요.

해적을 가장 간단하게 말하면, 바다의 범죄자예요. 하지만 실제로 역사 속에 등장하는 해적들은 종종 평범한 선원들과 그다지 달라 보이지 않아요. 보기에 따라 심지어 영웅처럼 보이는 해적도 있어요.

해적의 정체

17세기 영국 선원들을 위한 필수 안내서

바다에서의 삶은 헷갈릴 수 있다. 그대여, 이것만은 명심하라. 단순한 약탈꾼이든, 나라에서 인정한 사략선 해적이든 중요한 것은 바로 **누구 편인가** 하는 것이다.

해적이 그대 편인지 아닌지 단번에 알아내야 한다.

약탈꾼 해적

- 주요 공격 대상: 바로 **그대**. 그리고 약탈할 가치만 있다면 어떤 배든지.
- 활동 무대: 바다 어디든지.
- 활동 시기: 1년 내내
- 깃발: 검은색

이들은 누구라도 공격하고 약탈하는 해적들이다. 어디서든 범죄자로 여긴다.

용맹한 사략선 해적

- 주요 공격 대상: **그대의 적**
- 활동 무대: 대서양과 카리브해
- 활동 시기: 전시 상황에만.
- 깃발: 그대 나라의 깃발
- 별명: 프리버티어

사략선 해적은 해군은 아니지만, 적국의 배를 공격하고 약탈할 수 있게 왕이나 여왕이 허가해 준 해적이다.

사나운 코세어 해적

- 주요 공격 대상: 자기네 정부와 전쟁을 벌이고 있는 사람이라면 **그대**를 포함해 누구든지.
- 활동 무대: 대서양과 카리브해
- 활동 시기: 전시 상황에만.
- 깃발: 적국의 깃발
- 별명: 프리부터, 버커니어

일종의 사략선 해적으로, 자기 정부로부터 적의 배를 공격하고 뺏을 수 있게 허가를 받았다.

26 예의를 잘 지켜야…

좋은 서퍼가 될 수 있어요.

파도타기를 하기에 가장 좋은 장소라면 매우 붐빌 거예요. 그래서 전 세계의 서퍼들은 파도타기 예절을 지켜요. 모두가 예의 바르게 행동하고, 안전을 지키며, 파도를 공평하게 나누어 타기 위한 비공식적인 규칙이에요.

서퍼들은 파도가 부서지기 시작하는 바로 뒤편, 즉 '**라인업**'이라고 불리는 장소에 모여요. 그곳에서 파도를 타기 위해 차례를 기다려요.

규칙 1. 스네이크를 하지 마세요.
'스네이크'란 자신의 차례가 오지 않았는데도 파도를 타려는 사람 주변에서 패들링(보드에 엎드려 양팔로 물을 저어 앞으로 나아가는 일)을 하는 것을 말해요.

규칙 2. 드롭인을 하지 마세요.
'드롭인'은 다른 서퍼에게 우선권이 있는데 먼저 파도를 타려고 하는 걸 말해요.

이 서퍼가 파도가 부서지기 시작하는 부분인 피크와 제일 가까워요. 이 사람에게 **우선권**이 있어요. 다른 사람은 이 파도를 타면 안 돼요.

이 서퍼가 드롭인을 하고 있어요.

규칙 3. 사람들이 파도타기 중일 때 패들링을 하며 지나가면 안 돼요.
충돌을 방지할 수 있도록 이 구역을 돌아서 패들링해 라인업 위치로 가세요.

규칙 4. 자신의 보드를 잘 붙들어야 해요.
서핑 보드를 던지거나 놓치면 보드가 파도에 휩쓸려
다른 사람을 다치게 할 수도 있어요.

규칙 5. 그 지역의 서퍼들을 존중해요.
모든 서핑 장소에는 그 지역 나름의
서핑 문화와 풍습이 있어요.
다른 지역에서 왔다면 그 지역의
서퍼들에게 물어보고 배우도록 해요.

안녕하세요, 전 여기가 처음이에요. 오늘은 파도가 어때요?

시간이 흐르면서 서퍼들끼리
사용하는 은어*가 생겨났어요.

*은어: 어떤 집단의 사람들끼리만 알아듣고 사용하는 말.

마지막 '세트'는 정말 끝내줬어. 엄청난 '더블 오버헤드'를 넘어서 타고 내려왔다니까.#
저 '구피' '그롬'이 '말리부' 위에서 '행텐'하는 거 봤어? 진짜 멋있었어!##

#마지막에 '일정한 간격으로 여러 개가 들어오는 파도'는 아주 크고 거칠었어. 나는 '내 키의 두 배나 되는 강력한 파도'를 타고 내려왔다니까.

##저 '오른발을 앞으로 내밀고 타는' '꼬마 서퍼'가 '긴 서핑 보드' 위에서 '맨 끝에 서서' 파도 타는 거 봤어? 진짜 멋있었어.

27 굴은 귀가 없지만…

듣고 있어요.

굴 껍데기 안에는 소리 때문에 진동이 생길 때 그 진동을 느낄 수 있는 작은 털이 있어요. 하지만 오늘날 바다가 내는 자연의 소리, 즉 파도 소리, 고래의 노랫소리, 딱총새우가 집게발로 내는 소리 등은 사람들이 만들어 낸 소리에 점점 묻혀 가고 있어요.

화물선의 엔진 소리와 스크루 프로펠러 소리는 귀가 먹먹할 정도로 시끄러워요. 이 소리는 물속에서 수십 킬로미터나 퍼져 나가죠. 이런 소음은 고래부터 굴까지 해양 생물에게 해를 끼칠 수 있어요. 굴은 보통 껍데기를 살짝 열어서 숨을 쉬거나 먹이를 먹어요. 하지만 화물선이 내는 엄청나게 큰 소리를 들으면, 껍데기를 꽉 닫아 버려요.

껍데기를 닫으면 굴뿐만 아니라 굴이 사는 바다에도 나쁜 영향을 끼쳐요. 굴은 물에서 먹이와 다른 물질을 걸러 내요. 바닥에 붙어 있는 건강한 굴은 바다를 깨끗하게 유지하는 데 도움을 주지요. 다행히 화물선의 소음 공해를 줄일 수 있는 한 가지 방법이 있어요. 화물선의 속도를 늦추기만 하면 돼요.

28 난파, 폭탄, 화산…

앨빈호는 이 모든 일을 겪었어요.

두 명의 승무원이 조종하는 *앨빈호*는 해수면 아래 4,500미터까지 탐험한 잠수정이에요.
1965년에 만들어진 이후 많은 모험을 해 왔고, 지금도 여전히 바다를 탐험하고 있어요.

1966년
스페인 근처 바다에 떨어진 불발된 수소 폭탄을 찾아 수거하는 데 *앨빈호*가 도움을 주었어요.

1968년
*앨빈호*를 바다 아래로 내리던 케이블이 끊어져 버렸어요. *앨빈호*는 아래로, 아래로 침몰했어요.

승무원들은 탈출했고…

…10개월 후에 *앨빈호*는 대서양 해저에서 구조되었어요.

1979년
*앨빈호*가 태평양에서 해저 화산 또는 열수구 (74쪽을 보세요)라고 불리는 '블랙 스모커'를 발견했어요.

1984년
*앨빈호*가 멕시코만의 춥고 햇빛도 들지 않는 바닥에서 심해 생물들을 발견했어요.

1986년
*앨빈호*가 로봇 카메라 *제이슨 주니어*를 사용해, 북대서양에 가라앉은 *타이타닉*호 잔해의 상세한 사진을 최초로 찍었어요.

2018년
몇 번의 업그레이드를 거친 후, *앨빈호*는 캘리포니아만에서 5,000번째 잠수를 했어요.

29 가장 큰 배에는…

이 책을 9억 권이나 실을 수 있어요.

전 세계의 물건 10개 중 9개가 배로 운반되어요.
보통 **컨테이너**라고 부르는 금속으로 만들어진
커다란 상자에 넣어서 옮기지요.

컨테이너는 표준 크기가
정해져 있어요.
길이 6.1미터
폭 2.44미터
높이 2.59미터

최대 **600만 개**나 되는
컨테이너가 쉴 새 없이
바다를 가로질러
운반되고 있어요.

30 에베레스트산 정상은…

한때 바다 밑에 있었어요.

세계에서 가장 높은 산의 꼭대기는 '해양 석회암'이라고 불리는 암석으로 이루어져 있어요.
해양 석회암이라고 하는 이유는 아주 오래전에는 해저에 있었기 때문이에요.

5억 년 전, 따뜻하고 얕은 바다에서 한 조그만 생명체가 큰 꿈을 꾸었어요.
난 언젠가 구름 사이로 솟아오를 거야!
하, 하, 하!
꿈 깨!
잠시 후, 산사태가 일어나 바다 밑바닥을 덮어 버렸어요. 선사 시대 동물들도 함께요!
이럴 수가.
오, 안 돼!
수백 년이 지났어요. 광물질이 해저로 스며들어 생물들의 몸에 난 작은 구멍들을 채우고, 화석으로 만들었어요.

컨테이너선 중에서도
가장 큰 배들은 한 번에
21,000개나 되는
컨테이너를 실을 수 있어요.

이 정도 크기의 배에는
자동차 약 **42,000대**나
냉장고 **500,000대** 또는
아침 식사용 시리얼 상자
174,300,000개를
실을 수 있어요.

이 해저는 두 개의
땅덩어리가 만나는
지점에 놓여 있었어요.
땅덩어리들은 끊임없이
서로를 밀어내고
갈아 댔어요.
우르르르
우르르르

이렇게 수백만 년 동안
땅덩어리들이 계속 느리게
충돌하면서 해저를 조금씩
위로 밀어 올려 새로운
산맥을 만들어 냈어요.
오늘날 히말라야산맥으로
알려진 곳이지요.
해발 고도:
5킬로미터
(계속 높아짐)

현재 에베레스트산:
어떤 꿈은 정말로
이루어진다.
해발 고도:
약 9킬로미터
(*여전히* 높아지는 중)

31 분노한 신이 만든 땅에는…

해골과 부서진 배의 잔해가 흩어져 있어요.

아프리카 나미비아에 있는 해안을 따라가다 보면 세계에서 가장 무시무시한 바다 풍경이 나와요. 난파선의 잔해와 뼈들로 모래사장이 어질러져 있다고 해서 *해골 해안*이라고 불러요. 현지 언어로 된 원래 이름은 *분노한 신이 만든 땅*이에요.

해안을 따라 흐르는 차갑고 도무지 종잡을 수 없는 **해류**는 항해자들을 당황하게 만들고…
…짙은 **안개**가 뒤덮인 해안은 가까워져도 보이지 않기 때문에 위험을 알아차릴 수 없어요.
강한 **바람**이 해안 쪽으로 불어 배를 얕은 물가와 모래톱으로 밀어 붙이고…

…**거대한 파도**가
끊임없이 세차게 들이닥쳐,
해변에서 구명보트나
뗏목을 띄울 수조차 없어요.

해골 해안의 모래사장에는
1,000개가 넘는 **난파선 잔해**가
흩어져 있어요. 수많은 바다 생물의
뼈와 선원들의 뼈도 있어요.

해변 너머는
황량한 **사막**과 **습지대**라서
구조될 희망은 거의 없어요.

32 바다에는 괴물과…

닭이 있다고요?

수 세기 동안 지도 제작자들은 지도를 만들 때 장식용 그림을 그려 넣었어요.
그중에는 안전하거나 위험한 생물, 또 알려지지 않은 생명체를 그린 것도 있었어요.
시간이 흘러 사람들이 바다를 더 잘 알게 되면서, 그림과 그 의미가 달라지기도 했어요.

바다뱀:
여기 있는 게 뭔지 모르겠지만,
아마 아주 위험한 생물일 거예요.

17세기 이전, 지도에 등장하는
바다 생물들의 그림은
선원들 사이에서 떠돌던
괴담이나 상상에서
비롯된 거예요. 여기 몇 가지
유명한 예가 있어요.

거대한 문어:
선원들을 잡아 바닷속으로
끌어 내리는 거대한
문어 이야기가 전해 내려오고
있어요. 지도 제작자들은
문어 대신 바닷가재로
표현하는 것을 좋아하죠.

고래:
고래가 여기서 목격되었다는
뜻이에요. 이 거대한 괴물은
배를 아주 깊은 바닷속으로
끌고 내려갈 수 있어요. 그리고
사람들을 잡아먹을지도 몰라요.

바다 생물들:
육지에는 닭, 돼지, 소 들이 살아요.
아마 바다에도 이와 비슷하게 생긴
동물들이 살고 있을 거예요.

인어:
이 지역은 안전하고
평온해 보이지만 실제로는
그렇지 않을 수도 있어요.
곳곳에 위험이 숨어 있답니다.

때때로 그 지역이
안전한지 또는 위험한지를
나타내기 위해 그림을
이용하기도 했어요.

이크티오켄타우로스:
신체 일부가 물고기, 말, 사람 모습을
하고 있지만, 전혀 해롭지 않아요.
이 지역 바다는 안전해요.
여기서는 별일 없을 거예요.

사람들이 세상을 점점 과학적으로
이해하게 되면서, 바다 괴물들은
지도에서 사라지기 시작했어요.
지도에는 여전히 그림을 그려 넣었지만,
다른 목적을 가지게 되었어요.

고래:
고래는 한때 우리가 생각했던 것만큼
위험하지는 않아요. 고래가 있다면
그곳이 물고기를 잡기에
좋은 장소라는 것을 뜻해요.

범선:
단순히 장식용으로
그려 넣었어요.

바다 괴물을 타고 있는 왕:
정치적인 표현이에요. 이 그림이
그려져 있으면 우리 영해라는 뜻이지요.
우리는 강력한 왕국이고, 위험한 파도를
정복했다는 것을 뜻해요.

33 '바닷가재의 보트 창고'라는 말은…

바다를 부르는 수많은 말 중 하나예요.

고대 스칸디나비아 말로 바다를 '바닷가재의 보트 창고'라고 불렀다고 해요.
1,000년 전만 해도 바다는 바이킹 등 스칸디나비아 사람들의 삶에 아주 중요한 부분이었어요.
고대 스칸디나비아 말로 쓰인 시를 보면 바다를 묘사하는 방식이 200가지가 넘어요.

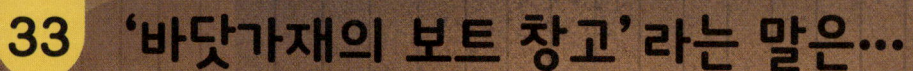

바다를 다른 이름으로 표현하고 싶은데, 누구 좋은 생각 없어?
바다오리의 평원, 연어의 나라, 지구의 목걸이…
고래의 길, 배의 나라, 바다 괴물의 요새…
해초 울타리는 어때? 아니면 소금 항로, 해달의 세계, 유빙 들판…
나는 배 이름이 몇 가지 생각났어. 파도 군마, 바다의 말, 파도 전차, 바다 늑대, 바다 스키…

34 수상쩍은 냄새가 나요…

해산물을 할인 판매한다는데요.

생선의 종류를 속여서 파는 것도 **해산물 사기 범죄**예요. 이런 범죄는 사실 아주 흔해요. 최근 한 조사에 따르면, 전체 해산물 중 상표가 정확하지 않은 해산물이 30퍼센트나 되었대요.

자연산 연어로 팔리는 연어가 진짜 자연산 연어일 확률은 **60퍼센트**예요.

나머지 **40퍼센트**는 저렴한 양식 연어이거나 심지어 다른 종류의 생선이죠.

귀하고 비싼 생선인 붉돔의 경우, 진짜일 가능성은 겨우 **10퍼센트**예요.

90퍼센트는 값싼 다른 도밋과 생선이거나 심지어 민물고기인 틸라피아예요.

세계 여러 나라의 해양 수산 기관들에서는 이러한 범죄를 퇴치하기 위해 식품을 검사하고 인증하고 있어요.

35 해달이 지킴이예요…

황량한 켈프 숲에서는요.

자이언트 켈프는 세계 곳곳의 차갑고 얕은 물속에서 거대한 숲을 이루는 해조류의 한 종류예요. 자이언트 켈프 숲은 수천 종의 동물에게 먹이와 은신처를 제공해 주는데, 위협을 당하고 있죠. 그런데 뜻밖의 영웅이 숲을 구하기 위해 나타났어요.

미국의 켈프 숲은…
한때 생물들이 조화롭게 살아가는 천국이었어요.
우리 해달들이 이곳을 관리했지요.
성게가 그늘에 숨어 켈프를 뜯어먹었고, 우리 해달들은 성게를 잡아먹었어요.
모든 것이 균형을 이루고 있었어요.

하지만 대규모로
해달 사냥이 시작되었어요.
인간들은 두꺼운 털을
얻으려고 수백 마리의
해달을 사냥했어요.
1820년이 되자, 인간 때문에 해달의
개체 수가 급속히 줄어들었어요.
해달이 사라지자, 성게가 급속도로
늘어났고…
우적우적
얘들아,
켈프 같이 먹자!
아삭아삭
우적우적
다 먹어 치우자!
아삭아삭
…그러자 숲은 '갯녹음'이라는
바다 사막화 상태가 되어 버렸지요.
아삭아삭
우적우적
아삭아삭
1900년대 초, 인간은
마침내 잘못을 깨닫고
해달 사냥을 중단했어요.
아직 해결해야 할 일이 많지만, 우리 해달의
개체 수는 조금씩 늘어서 회복되고 있어요.
그러니 켈프 숲도 그렇게 될 거예요.

36 캐슬 브라보는…

낙원에 떨어진 폭탄의 이름이었어요.

제2차 세계대전이 끝난 뒤인 1940년대와 1950년대, 미국은 태평양의 외딴 지역 비키니 환초(고리 모양으로 늘어선 산호초 섬)라고 불리는 섬에서 강력한 핵무기들을 실험했어요. 그중 '*캐슬 브라보*'라는 이름의 폭탄 실험은 역사상 가장 큰 폭발 중 하나였어요.

37 돌연변이 게는…

방사능 코코넛을 먹고도 잘 살아요.

비키니 환초에 떨어진 폭탄들은 위험할 뿐 아니라 오래가는 물질로 만들어졌어요. 폭탄 때문에 지역 전체가 방사능에 오염되었는데, 오늘날까지도 사람들을 위협하고 있어요.

1940년대와 1950년대에는 비키니 환초와 근처의 모든 섬에서 사람들을 전부 대피시켰어요. 그리고 아직까지 돌아갈 수 없어요.

심하게 파괴되었지만, 50년이 넘는 세월이 지나는 동안 산호초는 다시 생명으로 채워졌어요. 생명은 그곳에서 단지 살아남았을 뿐만 아니라, 번성하고 있어요.

비키니 환초의 바다는 물고기, 상어, 거대한 산호, 자동차 바퀴의 휠캡만 한 커다란 게들로 가득해요. 비록 섬에서 자라는 코코넛을 비롯해 오염된 먹이와 물을 먹고 살아가지만 말이에요.

이곳에서는 생물들이 활기차게 번성하고 있어요. *이유는* 딱 한 가지, 그들을 괴롭히거나 사냥하는 사람들이 없기 때문이에요.

38 섬을 알아챌 수 있어요…

미처 눈으로 보기도 전에요.

수천 년 동안 태평양 폴리네시아의 여러 섬에 사는 사람들은 먼 곳으로 항해를 다녔어요. 그들은 태양과 별의 위치를 보며 항로를 잡았지만, 그 밖에도 날아오르는 새들, 탑처럼 높이 솟은 구름, 배 밑에서 느껴지는 파도 등 다른 단서들도 이용했어요.

현대적인 나침판이나 해도, 인공위성 기술이 없어도 항해사들은 한 섬에서 수천 킬로미터나 떨어져 있는 다른 섬으로 가는 길을 찾을 수 있었어요.

어떤 방법을 사용했는지 알아보세요.

1

별을 외워요.

항해사들은 수백 개나 되는 별의 위치를 익혔어요. 밤이 되면 어떤 별들이 수평선에 나타나는지, 그 별들이 어떻게 하늘을 가로질러 움직이는지 알았지요. 별을 보면 배가 어느 방향으로 항해하고 있는지 알 수 있어요.

2

태양의 움직임을 추적해요.

태양은 동쪽에서 떠서 서쪽으로 지니까 태양의 움직임으로 방향을 알 수 있어요.

3

구름을 관찰해요.
낮게 깔린 구름은 수평선 너머에 있는,
아직 보이지 않는 섬을 반사시켜서 보여 주어요.

초록빛이 감도는 색은
숲이 우거진 섬이
반사되었기 때문이에요.

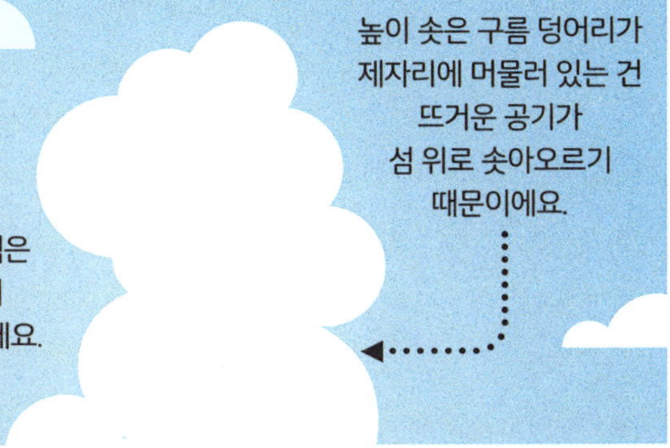

높이 솟은 구름 덩어리가
제자리에 머물러 있는 건
뜨거운 공기가
섬 위로 솟아오르기
때문이에요.

4

섬이 가까우면 느낌이 와요.
너울이라고 불리는 바다 물결은
섬에 부딪혀 구부러져 흘러요.
그 결과 뚜렷이 구별되는 물결의 패턴을
만들어 내고, 항해사들은 배 밑에서
달라진 물결을 느낄 수 있어요. 심지어 섬이
50킬로미터나 떨어져 있어도 알 수 있어요.

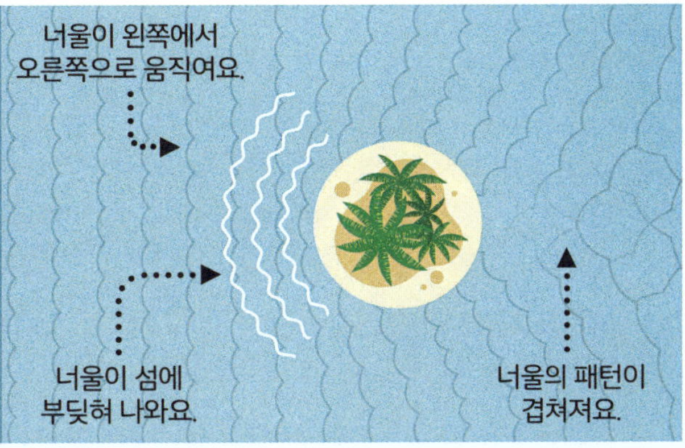

너울이 왼쪽에서
오른쪽으로 움직여요.
너울이 섬에
부딪혀 나와요.
너울의 패턴이
겹쳐져요.

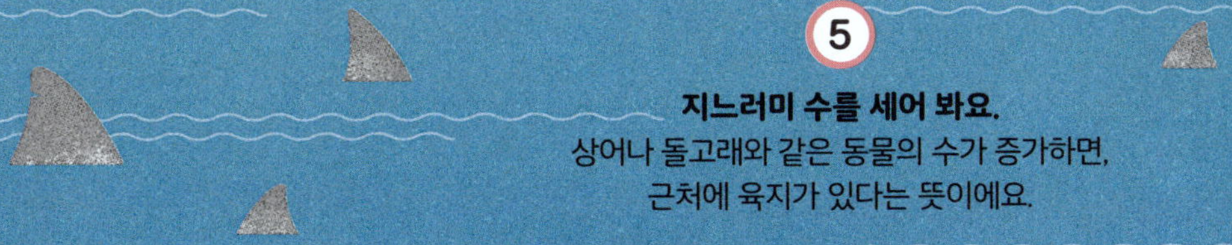

5

지느러미 수를 세어 봐요.
상어나 돌고래와 같은 동물의 수가 증가하면,
근처에 육지가 있다는 뜻이에요.

6

새들을 관찰해요.
제비갈매기나 검은제비갈매기와 같은
새들은 하루의 사냥을 마치고 나면
매일 저녁 육지로 돌아가요. 이 새들이
근처 섬으로 가는 길을 알려 줄 수 있어요.

7

돼지를 관찰해요.
긴 여행을 떠날 때, 항해사들은 종종
가축을 태우고 갔어요. 돼지는 후각이
매우 발달해서 섬 냄새를 맡으면,
그쪽 방향으로 코를 돌렸어요.

한 심해 탐험가는…

육지에 있으면서 가장 중요한 발견을 했어요.

수 세기 동안, 사람들은 해저가 진흙투성이의 평평한 땅이라고 생각했어요. 그러나 1950년대에 과학자 마리 타프는 배를 탄 적도 없는데 해저에 있는 온갖 종류의 해저 산맥, 협곡, 봉우리들을 발견했어요.

마리 타프는 지질학자였는데, 해저 탐사를 하는 과학자들과 팀을 이루어 함께 연구를 했어요.

연구 팀은 배를 타고 나가 수천 곳의 서로 다른 장소에서 바다의 깊이를 측정했어요. 하지만…

…마리 타프는 배를 탈 수 없었어요. 그때만 해도 여성은 승조원이 될 수 없었기 때문이에요.

마리 타프는 뉴욕의 사무실에서 연구 팀의 데이터를 분석해 그걸 지도로 변환시켰어요. 그러자 해저 산맥을 따라 깊이 팬 해구 등 예상하지 못했던 대서양의 모습들이 드러났어요.

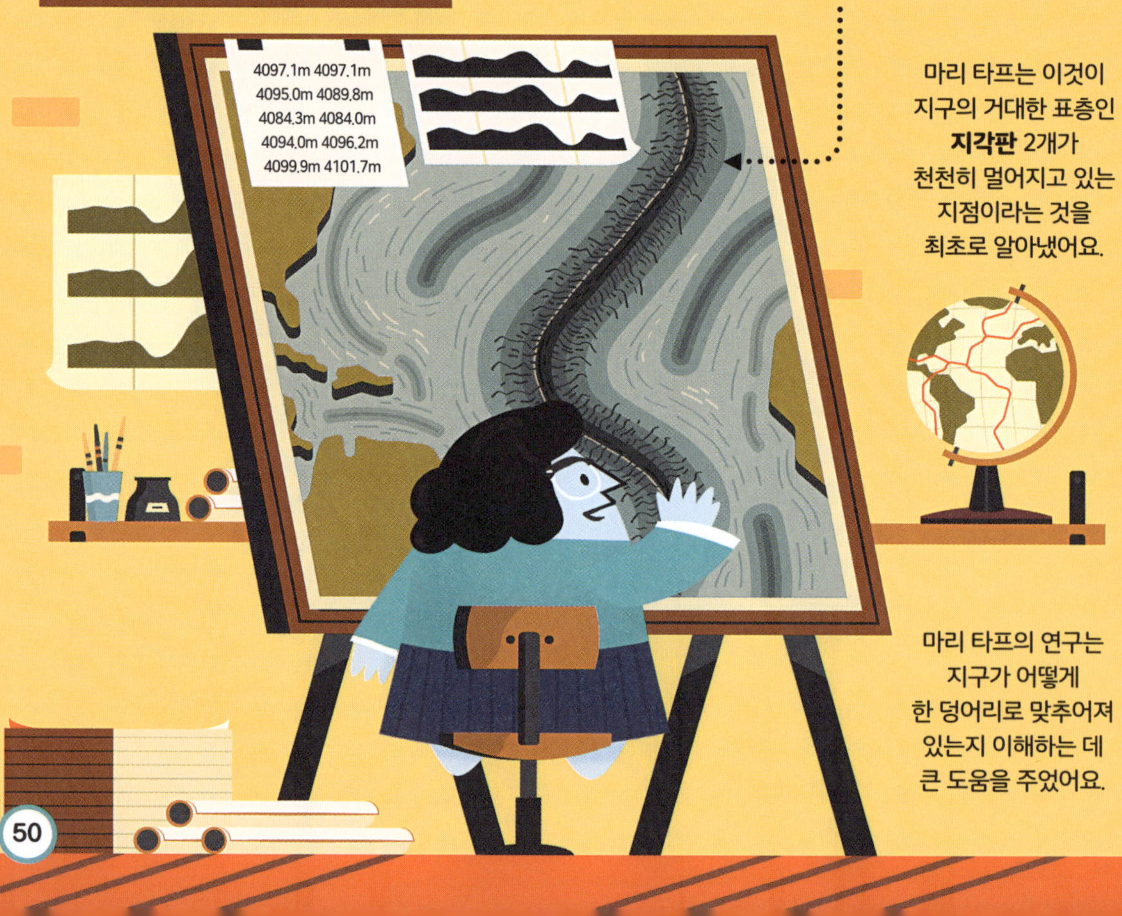

마리 타프는 이것이 지구의 거대한 표층인 **지각판** 2개가 천천히 멀어지고 있는 지점이라는 것을 최초로 알아냈어요.

마리 타프의 연구는 지구가 어떻게 한 덩어리로 맞추어져 있는지 이해하는 데 큰 도움을 주었어요.

40 타이탄에는 물 없는 바다와…

모래 없는 해변이 있어요.

'타이탄'은 토성의 가장 큰 위성이에요. 우주선이 타이탄을 지나가면서 강과 호수, 심지어 바다가 있는 걸 발견했어요. 사실 타이탄은 여태껏 우리가 우주에서 찾은 어떤 행성보다도 지구와 많이 닮았어요. 타이탄의 바다가 물이 아니라는 사실만 빼면 말이에요.

무엇이 다를까요?
물이 얼어서 만들어진 눈
벤젠*이 얼어서 만들어진 눈
소금물 액체로 이루어진 바다
에탄*과 메탄* 액체로 이루어진 바다
모래알로 이루어진 언덕
에탄 얼음 알갱이로 이루어진 언덕

* 벤젠과 에탄, 메탄은 수소와 탄소로 이루어진 물질로, 불에 잘 타는 성질이 있어요.
자동차와 다른 여러 기계의 연료를 만드는 데 사용되지요.

41 바닷속 초능력자들은…

크기나 모습이 제각각이에요.

여러분이 생각하는 가장 위험한 바다 생물은 무엇인가요? 백상아리? 범고래? 혹시 아주아주 작은 것은 어떨까요? 산호초에 사는 몇몇 생물들은 초능력이라고 부를 수 있을 만큼 아주 놀랍고도 위험한 능력을 가지고 있어요.

파란고리문어

- 사람을 26명이나 죽일 수 있을 정도로 많은 독을 가지고 있어요.
- 주변 환경에 맞게 위장을 할 수 있는 피부를 가지고 있어요.
- 위험에 처하면 보라색 고리를 드러내 경고 신호를 보내요.
- 물을 강하게 내뿜어 빠르게 헤엄쳐요.

독의 위험성

●●●●○

비밀의 초능력:
들키지 않게 물기
(아마 여러분은 물렸는지도 모를 거예요.)

최대 약점:
12~20센티미터 정도의 작은 크기

노란입술바다뱀

- 포식자들에게 위협적으로 보이는 흑백 줄무늬가 있어요.
- 육지와 바다를 다 다닐 수 있어요.
- 노를 닮은 꼬리 덕분에 재빠르게 헤엄칠 수 있어요.
- 강력한 독을 가지고 있어요.

독의 위험성

●●○○○

비밀의 초능력:
항상 집으로 돌아가는 길을 찾을 수 있어요.

최대 약점:
고기잡이 그물에 자주 얽혀요.

점쏠배감펭

- 몸을 뒤덮고 있는 가시의 밝은 무늬가 경고를 하는 것 같아요. "나 건드리지 마!"
- 가시에는 독이 있어요.
- 공격적인 사냥꾼이에요.

독의 위험성

●●○○○

비밀의 초능력:
큰 한입(먹이를 통째로 꿀꺽 삼켜요.)

최대 약점:
아주 맛있어요.

가장 환한 만에서도,
가장 어두운 암초에서도
우리의 능력은
믿을 수 없을 정도야!

대보초청자고둥

- 두꺼운 껍데기로 몸을 보호해요.
- 모래 속에 숨어 있다가 몰래 공격해요.
- 작은 갈고리가 있는 작살을 쏘아 상대의 몸에 독을 주입해요.
- 세상에서 가장 강한 독침을 가지고 있어요. 알려진 치료 방법도 없어요.

독의 위험성

●●●●●

비밀의 초능력:
뛰어난 후각으로 먹이를 감지해요.

최대 약점:
아주 빠르게 움직일 수는 없어요.

42 바다에 있는 플라스틱 조각은…

은하수의 별보다도 더 많아요.

태양계는 '**우리은하**'의 일부예요.
우리은하는 먼지와 행성, **4,000억 개**의 별들이
거대한 소용돌이를 이루는 원판 모양의 은하예요.
별이 엄청나게 많아 보이겠지만…

… 지구의 바다는 그보다 많은 **수조 개**나 되는
플라스틱 조각으로 오염되어 있어요.

플라스틱 쓰레기는 수백 년 동안 썩지 않는
데다가, 화학물질들이 천천히 새어 나와
플라스틱 조각을 삼킨 동물들을 중독시켜요.

플라스틱 쓰레기는 대부분
미세 플라스틱이에요. 미세 플라스틱이란
길이 **5밀리미터** 이하의 아주 작은
플라스틱 조각을 말하는데,
대개 조금 큰 플라스틱 조각들이
시간이 흐르면서 잘게 부서진 거예요.

미세 플라스틱은
반짝이는 별들처럼 작아 보이지요.

하지만 양이 너무 많아서 전부 치우는 건 불가능해요.
이 '거대한 문제'를 해결할 수 있는 유일한 방법은
플라스틱을 덜 사용하는 것뿐이에요.

43 이 페이지는 온통…

해조류로 가득해요.

인간은 수천 년 동안 해조류를 먹어 왔어요. 김밥을 만들어 먹거나, 볶아 먹거나, 샐러드에 넣어 먹기도 하지요. 사실 사람들은 해조류를 온갖 것에 다 넣었어요. 생각지도 못한 곳에서 해조류를 아주 쉽게 찾아볼 수 있어요.

케첩
휘핑크림
립스틱
해조류에는 **한천, 알긴산염, 카라기닌** 등의 물질이 들어 있는데, 이 물질들을 추출해서 다양한 제품에 첨가해요.
요거트
치약
해조 추출물은 자연적인 방법으로 물질을 걸쭉하게 만들거나, 일정한 상태를 유지시키거나, 서로 결합시켜요.
두유와 아몬드 우유
그레이비 소스
초콜릿 우유
약
마요네즈
샐러드 드레싱
아이스크림을 부드럽게 만들어 줘요.
우유와 초콜릿이 서로 잘 섞이게 해 줘요.
페인트
치킨 너겟
물감
반려동물 사료
냉동 고기 및 생선
케이크
수프
기름기 많은 생선이 상하지 않게 해 줘요.
페이스트리와 파이의 속 재료
종이

44 버려진 그물은…

유령처럼 바다를 한참 떠돌아다녀요.

바다에서 사람들이 잃어버리거나 내버린 고기잡이 그물을 **유령 그물**이라고 불러요. 단 하나의 유령 그물이라도 몇 년 동안이나 물속을 떠돌면서 수천 마리의 물고기와 다른 바다 생물들을 얽어매 죽음에 이르게 해요.

해마다 수만 킬로미터나 되는 고기잡이 그물이 사고나 사람들의 실수로 바다에 빠져요.

그물 하나의 길이가 2.5킬로미터나 되는 데다, 물속에서는 거의 보이지 않기 때문에 피할 수가 없어요.

더 큰 문제는 대부분의 그물이 튼튼하고 오래가는 플라스틱으로 만들어져 있다는 사실이에요. 플라스틱은 수십 년이 지나도 분해되지 않아요.

45 데드존이…

수중 생물을 뒤덮어요.

'데드존'이란 산소가 너무 적어서 아무것도 살아남을 수 없는 구역을 가리키는 말이에요. '죽음의 바다'라는 뜻이죠. 데드존은 자연적으로 생겨나기도 하지만 인간이 만들어 낸 오염 물질 때문에 점점 늘어나서, 수만 킬로미터에 이를 정도가 됐어요.

농사를 지을 때 농작물을 더 잘 키우기 위해 질소와 인이 포함된 화학 비료를 사용하기도 해요.
논밭에서 물이 흘러넘치면서 화학물질의 일부도 결국 함께 바다로 들어가요.
물속으로 들어간 화학물질들은 조류(아주 작은 식물성 생물)의 개체 수를 폭발적으로 증가시켜요. 결국 녹색 건더기 같은 게 수면을 뒤덮어 버리지요.
조류가 죽으면, 해저로 가라앉고 분해가 시작돼요. 그 과정에서 물속에 있는 산소를 모두 빨아들이기 때문에 결국 아무것도 살아남을 수 없어요.

46 오래 사는 비결은…

좋은 친구가 있는 것이에요.

흰동가리와 특정한 종류의 말미잘은 최고의 친구예요.
그 둘은 산호초에서 같이 살면서 여러 가지 방법으로 서로를 도와요.

우리는 말미잘에 붙어 있는 조류와 작은 생물들을 먹지. 냠냠! 덕분에 말미잘은 깨끗해져.
우리가 휙휙 헤엄치면 말미잘의 촉수 사이로 물살이 흘러서 찌꺼기가 떨어져. 그러면 먹이가 또 생기는 거야. 말미잘에게는 우리 똥이 먹이야!
말미잘에게는 따가운 촉수가 있어서 적이 우리한테 함부로 덤비지 못해. 하지만 우리는 몸에 끈적끈적한 점액질 보호막이 있어서 쏘일 염려가 없지.
말미잘을 먹이로 하는 나비고기가 다가오면, 우리가 쫓아내 줄 거야!

과학자들은 이러한 우정을 '공생'이라고 불러요.

말미잘과 함께 사는 덕분에 흰동가리는 20년 가까이 살 수 있어요. 비슷한 크기의 다른 물고기들보다 4배나 오래 사는 거예요.

47 바닷속 죽음의 호수는…

동물들을 죽음으로 꾀어 들여요.

신문 **생생한 바다 소식**

과학자들, 해저에서 한번 빠지면 절대 나올 수 없는 '뜨거운 욕탕'을 발견하다

멕시코만 바다에서 1,000미터쯤 밑으로 내려가면, 매우 염도가 높고 유독 가스로 가득한 소금 호수가 있다. 뜨거운 절망의 욕탕이라고도 알려져 있다.

바다 밑바닥에 있는, 따뜻하지만 유독 가스가 가득 차 있는 이 호수 때문에 지역 주민들은 집게발을 딸깍거리고 지느러미를 퍼덕거리며 고통스러워하고 있다.

홍합은 이 호수 가장자리에서 살고 있다. 홍합의 아가미에 있는 박테리아가 호수에 있는 유독가스를 먹이로 바꾸어 준다.

호수 가장자리에 사는 주민인 홍합들은, "수면을 한번 둘러보기만 해도 죽은 지 오래된 게의 껍데기와 소금물에 절어 있는 물고기 사체가 흩어져 있는 것을 볼 수 있다."고 말했다.

위험에도 불구하고 이 호수에는 모든 종류의 바다 주민들을 계속 끌어들이는 특별한 무언가가 있는 것이 분명해 보이는데….

그런데 '해저 소금 호수'란 무엇인가?

이 소금 호수는 해저가 이동하면서, 태곳적부터 쌓인 소금 퇴적물이 주변의 물속으로 빠져나가 만들어진 것이다.

이 물은 염도가 매우 높아서 보통의 바닷물보다 무겁기 때문에 바닥에 가라앉는다.

소금 호수, 즉 염수호에는 산소가 거의 없고, 대신 메탄가스 같은 독성이 강한 화학물질이 많이 들어 있다. 이 때문에 대부분의 동물은 이곳에서 살아남기 힘들다.

이 위험한 자연 현상으로부터 안전을 지킬 수 방법은 단 한 가지뿐이다. -절대 가까이 가지 말 것.

48 해안 경비대, 청소부, 유모…

맹그로브 나무는 이 모든 일을 할 수 있어요.

광고 생생한 바다 소식 일자리

아기 레몬상어와 아기 물고기들을 키울 보육 공간을 찾습니다.

아기들이 배우고 커 가는 동안 위생과 안전이 보장된 곳이어야 해요.

지구에 도움이 되는 일을 하고 싶으세요?

물을 여과하고 플라스틱 쓰레기가 바다로 흘러드는 것을 막아 줄 청소부가 필요해요.

우리의 바다를 구해 주세요!

해안선을 보호하고 유지할 수 있는 **해안 경비대**를 찾습니다.

*단, 일 년 내내 일할 수 있는 분.

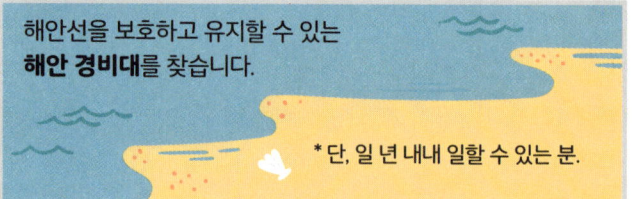

거대한 파도를 막아 침수 피해를 줄여 줄 **보안 요원**을 구합니다.

집을 구하고 있는 열대 생물들이 있어요! 이들에게 공간을 내주실 분 계신가요?

게
잠자리
해달
거북
원숭이
악어

바다 신문 담당자에게,

저는 맹그로브 나무예요. 여기 나와 있는 모든 일에 지원하고 싶어요.

맹그로브 나무

저는 따뜻하고 얕은 해안가 바다에 살아요.

제가 할 수 있는 일을 몇 가지 말씀드릴게요.

- 저는 기둥 같은 큰 뿌리가 있어서 생물들을 보호해 주니까 보육원이 될 수 있어요.
- 제 뿌리는 플라스틱 쓰레기를 걸리게 해서 쉽게 치울 수 있게 해 줘요.
- 저는 물을 걸러 내어 깨끗하게 만들 수 있어요.
- 제 뿌리는 해안과 해안선을 그대로 유지시켜서 물이 넘치는 것을 막아 줘요.
- 제 잎과 가지, 뿌리, 과일, 꽃에는 수천 종의 생물이 살 수 있어요.

49 파랑비늘돔은 잠옷을 입어요…

점액으로 만들어진 거예요.

전 세계의 산호초에 밤이 드리우면, 파랑비늘돔이라는 열대어들은 점액으로 된 일체형 옷으로 서서히 몸을 감싸요. 무사히 옷 안으로 들어가면, 그제야 잠이 들어요.

주로 밤에 파랑비늘돔을 공격하는 포식자는 **곰치**예요.

곰치는 앞을 잘 볼 수 없기 때문에, 후각에 의지해서 먹이를 찾아요.

과학자들은 점액으로 만든 잠옷이 파랑비늘돔의 냄새를 가리기 때문에 곰치가 알아챌 수 없을 거라고 말해요.

또한 점액은 파랑비늘돔이 자는 데 방해가 되는 작은 해충과 기생충을 막아 주어요.

50 유령 섬은…

지도에서만 볼 수 있는 섬이죠.

해도에는 오랫동안 **유령 섬** 같은 잘못된 정보가 포함되어 있었어요. 유령 섬이란 예전에 탐험가들이 발견하고 지도에 추가했지만, 나중에 존재하지 않는 것으로 밝혀진 섬이에요. 그런데 선원들이 새로운 섬을 발견했다고 생각한 까닭은 무엇일까요? 부서지는 파도, 빛 때문에 생기는 착시 현상, 물 위에 떠다니는 쓰레기들이 갑판 위에서는 모두 섬처럼 보였을 거예요.

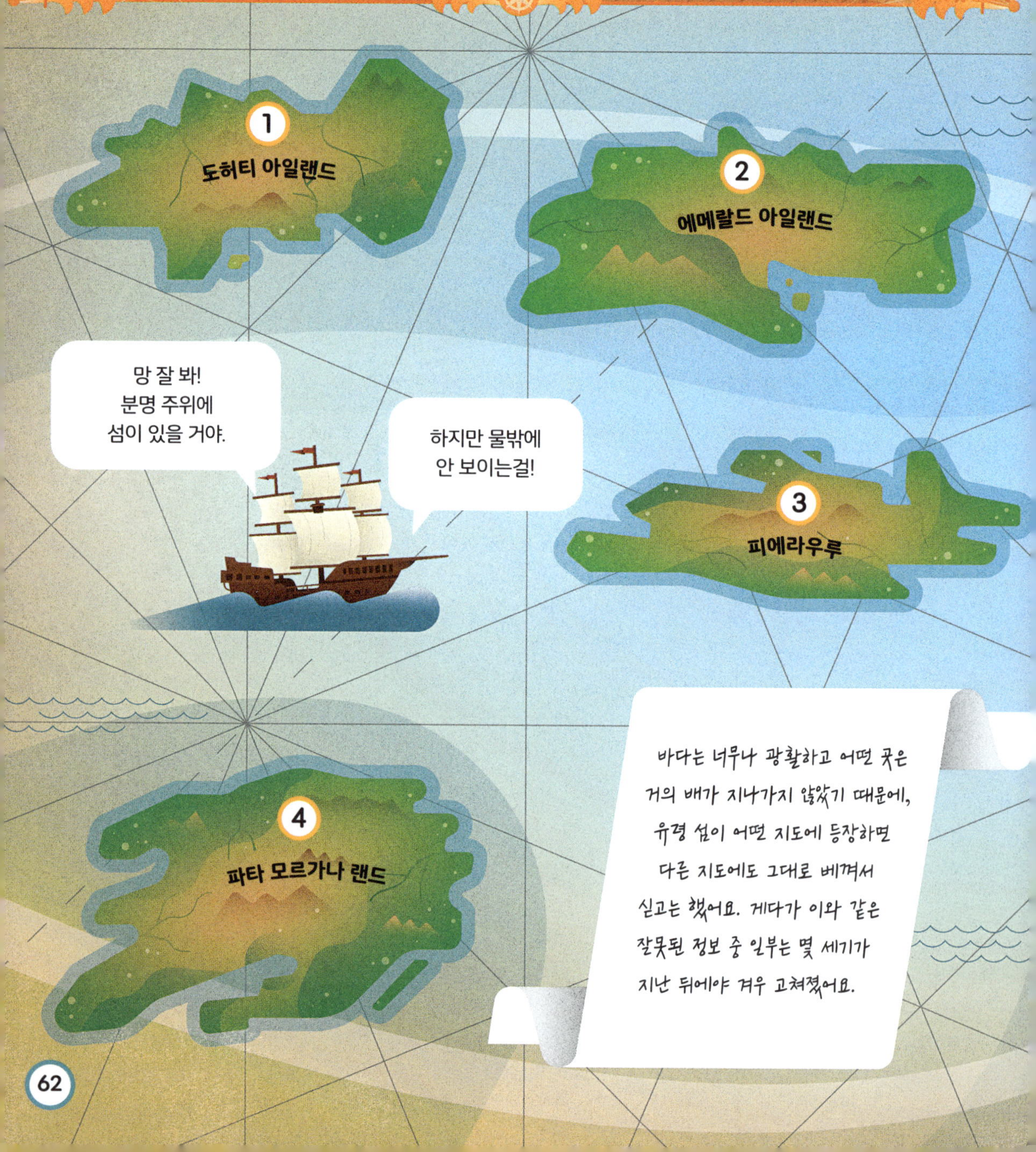

1
도허티 아일랜드
2
에메랄드 아일랜드
망 잘 봐! 분명 주위에 섬이 있을 거야.
하지만 물밖에 안 보이는걸!
3
피에라우루
4
파타 모르가나 랜드

바다는 너무나 광활하고 어떤 곳은 거의 배가 지나가지 않았기 때문에, 유령 섬이 어떤 지도에 등장하면 다른 지도에도 그대로 베껴서 싣고는 했어요. 게다가 이와 같은 잘못된 정보 중 일부는 몇 세기가 지난 뒤에야 겨우 고쳐졌어요.

이 섬들이 한꺼번에 다 나오는 지도가 있었던 건 아니지만, 섬의 이름은 모두 진짜예요.
실제로는 없는 섬들이지만, 사람들은 지난 400년 동안 이런 섬이 존재한다고 믿었어요.

이 '섬'들은 아마도 이런 게 아니었을지…

1) 빙산 2) 짙게 낀 안개 층 3) 물에 잠긴 모래 둔치 4) 착시 현상
5) 있다가 사라졌음(실제로 존재했지만 화산 폭발로 파괴되었을 수도 있어요.)
6) 명성과 부를 노린 탐험가의 거짓말 7) 바다를 떠다니는 화산석 무리
샌디 아일랜드는 실제로 2012년까지도 몇몇 지도에 실려 있었어요.

51 종이 물고기는…

바다의 과거 비밀을 드러내요.

동양의 어부들은 아주 오랫동안 먹물로 물고기의 형태를 종이에 떠 낸 물고기 탁본, 즉 '어탁'을 만들었어요. 대개 잡기 힘든 물고기를 잡았을 때 어탁으로 기록을 남겼지요. 어탁은 가치 있는 예술 작품일 뿐만 아니라, 과학자들에게는 과거에 어떤 물고기들이 바닷속을 헤엄치고 다녔는지 알려 주어요.

어부들은 첫 번째 잡은
고기를 기념하기 위해,
또 얼마나 큰 물고기를
잡았는지 자랑하기 위해…
…때로는 단순히
예술 작품으로
감상하기 위해
어탁을 만들었어요.
어탁을 만들려면, 갓 잡은 물고기에
먹물을 바른 다음 그 위에 종이를
올려놓고 조심스럽게 눌러요.
그러면 물고기의 정확한 모양과
크기, 그리고 비늘과 지느러미의
무늬까지 찍어 낼 수 있어요.
그런 다음 물고기에 묻은
먹물을 깨끗이 씻어 내고,
먹어요.
어부들은 물고기가 언제 어디서 잡혔는지
상세한 기록을 함께 남기기도 해요.

과학자들은 수십 년 혹은 수백 년 전에 어떤 종류의 물고기가 잡혔는지 알아내기 위해 종종 어탁을 조사해요. 세월이 흐르면서 바다가 어떤 변화를 겪었는지 이해하는 데 어탁이 도움을 주지요.

52 '강철 해변 야유회'란…

잠수함이나 배의 갑판 위에서 열리는 바비큐 파티를 말해요.

해군 잠수함들은 한번 물속에 들어가면 식량을 보충할 때가 아니면, 몇 달씩 바닷속에 머무르는 일이 많아요. 그래서 이따금씩 선장은 해군 병사들이 수면 위로 떠오른 잠수함의 갑판 위에서 야유회를 즐기거나 바다에서 수영할 수 있게 허락해 주어요.

주방장이 갑판 위에서 그릴에다 고기를 구워요.
망을 보는 사람은 상어가 오지 않는지 바다를 감시해요.

잠수함에서의 생활은 지루하기도 하고 긴장될 수 있기 때문에, 이 같은 행사를 열어서 잠수함 승조원들의 기분을 북돋워 주어요.

53 바다 눈은…

주로 여름에 내려요.

해저에서는 모든 것이 차갑고, 어둡고, 고요해요. 부드럽게 아래로 떠내려가 천천히 쌓이는 수백만 개의 하얀 눈송이만 빼면 말이에요. 바다 곳곳에서 나타나는 이 '바다 눈' 현상은 바다에 여름이 왔다는 확실한 표시예요.

바다 눈은 해수면에 떠 있던 것들이 아래로 가라앉으며 만들어지는데…
…먼지나 모래, 바다 생물의 배설물 같은 잔해들과…
…특히 **식물 플랑크톤** (햇빛이 드는 해수면에서 자라는 작은 식물)의 사체가 많아요.

식물 플랑크톤은 여러 지역의 바다에서 봄에 많아졌다가, 여름이 되면 차례로 죽어서 아주 많은 눈을 내리게 해요.

54 세상에서 가장 외로운 고래는…

아무도 이해할 수 없는 노래를 불러요.

1980년대에 과학자들은 수중 녹음기에 기록된 어떤 고래의 노래를 수집하기 시작했어요. 과학자들은 이전에도 고래의 노래를 많이 들어 보았지만, 이 고래의 노래는 그때까지 들어본 것들과는 달랐어요.

고래는 소리를 내어 서로 대화를 나누어요. 그 소리는 **고주파** 또는 **저주파**의 **파동** 형태로 이동해요.

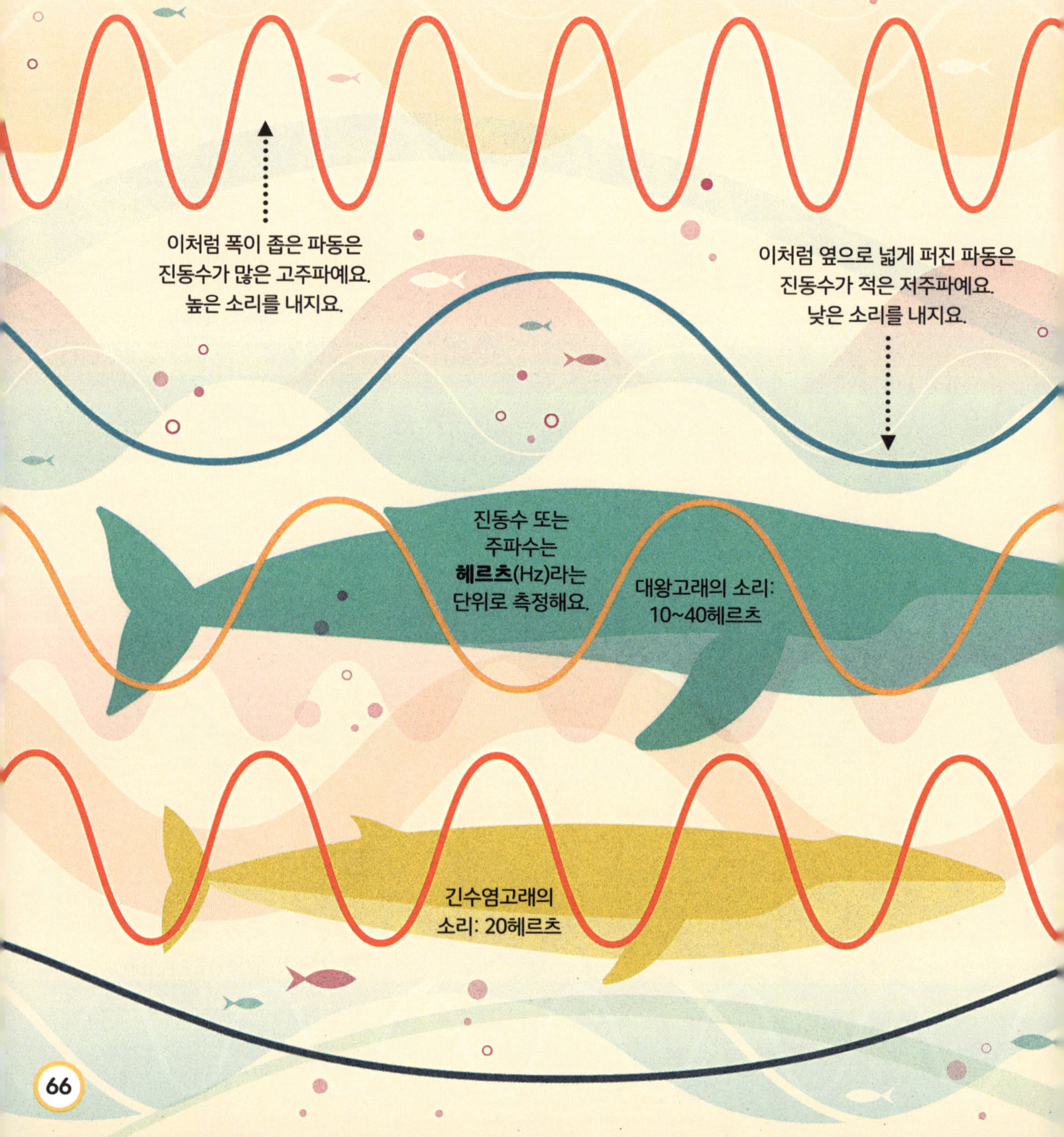

이처럼 폭이 좁은 파동은 진동수가 많은 고주파예요. 높은 소리를 내지요.
이처럼 옆으로 넓게 퍼진 파동은 진동수가 적은 저주파예요. 낮은 소리를 내지요.
진동수 또는 주파수는 **헤르츠**(Hz)라는 단위로 측정해요.
대왕고래의 소리: 10~40헤르츠
긴수염고래의 소리: 20헤르츠

그런데 이 특별한 고래는 **52헤르츠**로 노래를 부르고 있었어요. 지금까지 알려진 그 어떤 종과도 달랐어요.

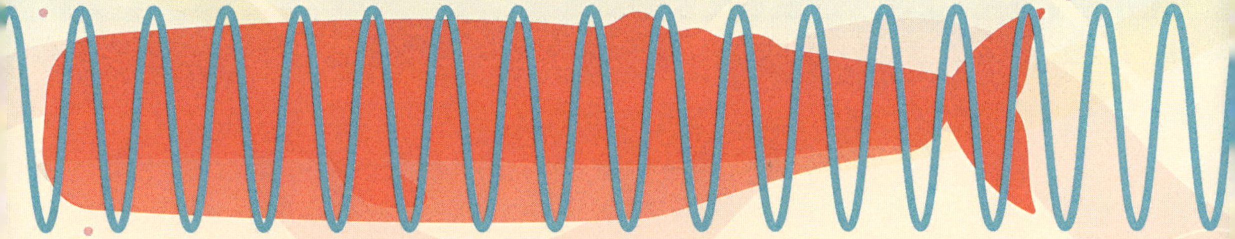

과학자들은 이 '52헤르츠 고래'를 30년 동안 추적했어요. 실제로 진동수는 계속 떨어져서 지금은 약 47헤르츠로 노래하고 있는데, 여전히 그 모습은 한 번도 발견된 적이 없어요.

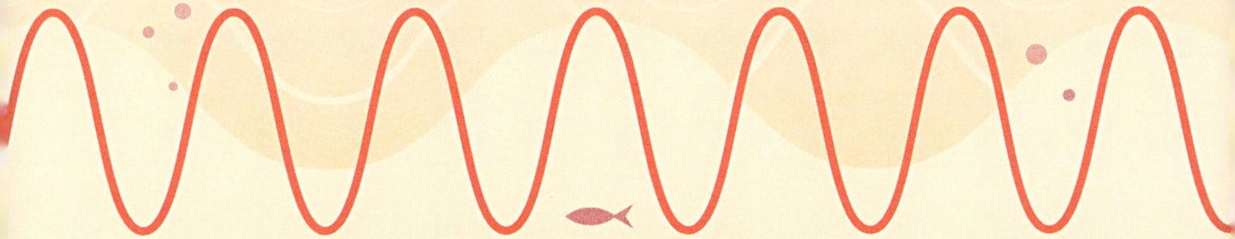

과학자들은 이 고래가 어떤 종류인지, 왜 이런 소리를 내는지 아직 밝혀내지 못했어요. 아마 귀가 들리지 않거나, 머리 모양이 독특하게 생겼을지도 몰라요.

55 블루프는…

지금까지 녹음된 가장 큰 소리 중 하나예요.

1997년, 과학자들은 수중 마이크로 지금까지 발견한 것 중 가장 큰 소리를 하나 잡아냈어요. 저주파 소음이라는 뜻의 블루프라는 별명이 붙은 이 소리는 몇 년 동안이나 과학자들을 혼란스럽게 만들었어요.

처음에는 거대하고 알려지지 않은 고래나 대왕오징어가 낸 소리라고 생각했어요.

블루프란, 사람의 귀로는 들을 수 없을 정도로 낮은 **초저주파** 소리예요.

블루프

몇 년이 지난 2005년, 과학자들은 드디어 소리의 출처를 알아냈어요. 물속에서 거대한 얼음 덩어리가 부서지면서 내는 요란한 소리였는데, 이 소음은 3,000킬로미터까지 퍼져 나갔어요.

56 어떤 상어는 아주 천천히 자라요…

150년 동안이나요.

얼음이 뒤덮인 북극해와 북대서양의 차가운 바다는 그린란드상어의 성장과 노화 속도를 엄청나게 늦추어요. 그 덕분에 그린란드상어들은 아주 오랫동안 살 수 있어요.

그렇게 늦게까지 안 자고
깨어 있으면 안 돼.
아직 147살밖에 안 됐잖아!

그린란드상어는 너무 느리게 성장하기 때문에, 성체의 몸길이인 4미터가 되는 **150**살이 되어야 비로소 어른으로 여겨져요.

몇 년 전에 과학자들은 북대서양에서 그린란드상어를 한 마리 발견했어요. 길이가 5미터였는데, 과학자들은 아마도 **400살**쯤 되었을 거라고 생각했지요.

57 쓰나미는 엄청나게 빨라요…

경주용 자동차나 고속 열차보다도요.

쓰나미라고 불리는 지진 해일은 주로 해저에서 일어나는 지진 때문에 발생하는 거대한 파도예요. 이 파도는 수백 킬로미터를 달려 육지에 도달해요. 그것도 아주 엄청난 속도로 말이에요.

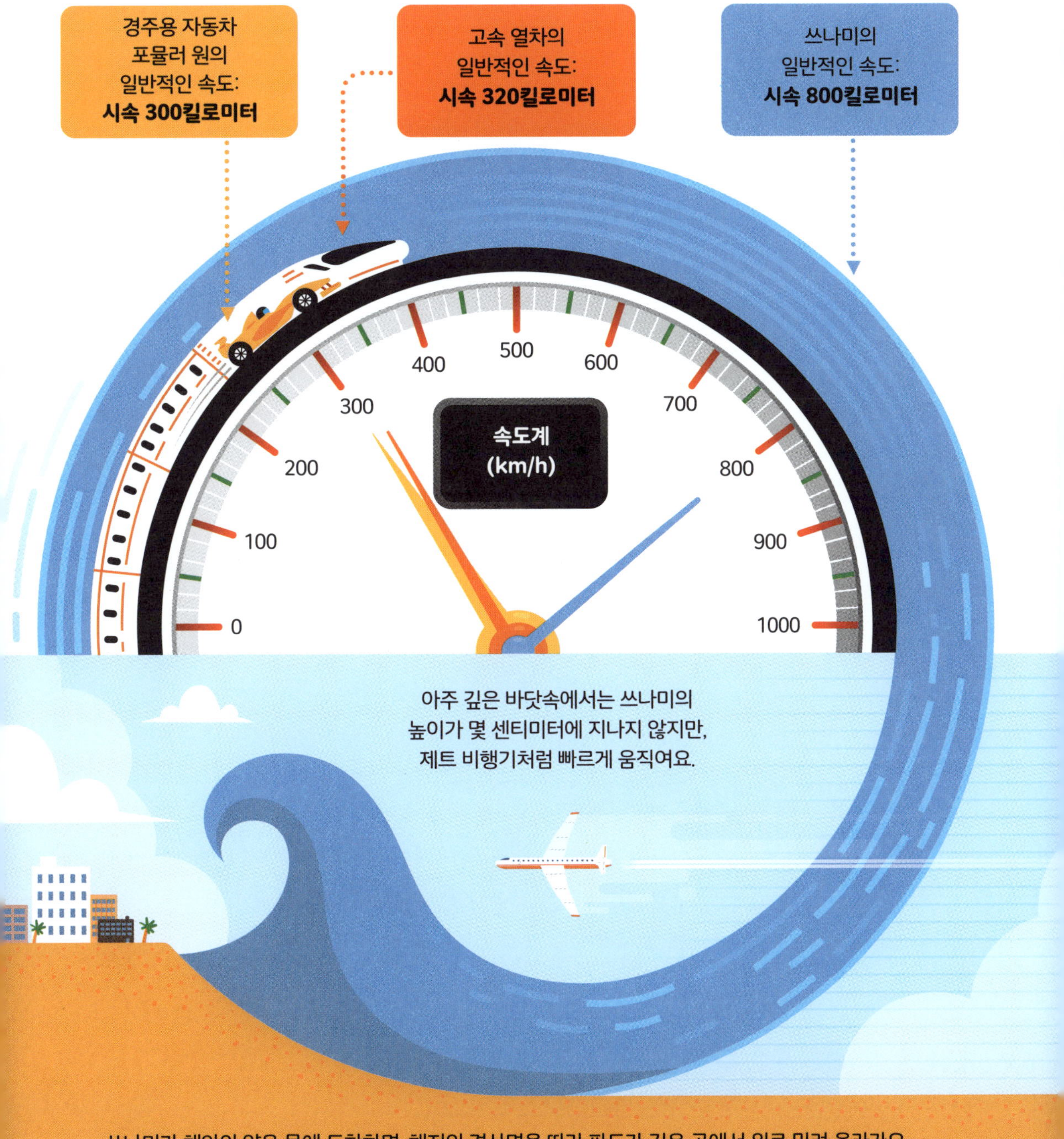

경주용 자동차 포뮬러 원의 일반적인 속도: **시속 300킬로미터**
고속 열차의 일반적인 속도: **시속 320킬로미터**
쓰나미의 일반적인 속도: **시속 800킬로미터**
속도계 (km/h)
0
100
200
300
400
500
600
700
800
900
1000
아주 깊은 바닷속에서는 쓰나미의 높이가 몇 센티미터에 지나지 않지만, 제트 비행기처럼 빠르게 움직여요.

쓰나미가 해안의 얕은 물에 도착하면, 해저의 경사면을 따라 파도가 깊은 곳에서 위로 밀려 올라가요. 속도는 느려지지만 엄청난 높이로 치솟게 되지요.

58 네덜란드 사람 수백만 명은…

해수면보다 낮은 곳에서 살아요.

유럽에 있는 네덜란드는 국토의 약 3분의 1이 해수면보다 낮아요.
네덜란드는 호수와 강, 늪지가 많은 데다 해안의 모래 둔덕을 넘나드는 북해 때문에,
사람들은 늘 생명을 위협하는 홍수의 위험 속에서 살고 있어요.

수 세기 동안, 네덜란드는 이리저리 연결된 물길인 운하와 *제방*이라고 부르는 높은 담을 건설했어요. *제방*은 물을 가두고 바닷물이 흘러드는 것을 막는 역할을 했어요.

저지대가 물에 잠기는 것을 막기 위해 **풍차**를 이용해 물을 퍼냈어요.

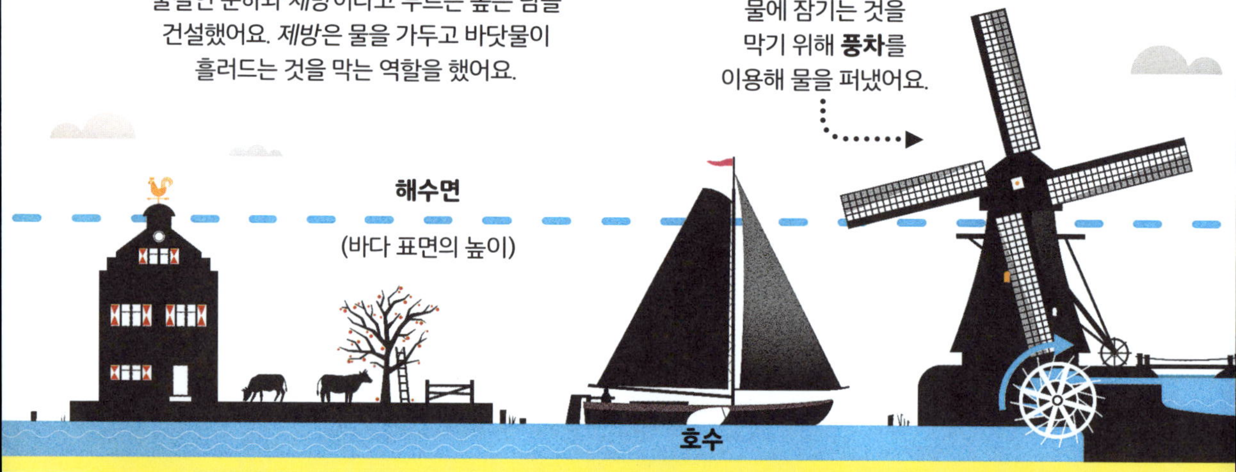
해수면
(바다 표면의 높이)
호수

59 물에 잠긴 스케이트보드장이…

해수면 상승을 막아 주어요.

오늘날에는 지구의 온도가 올라가 얼음덩어리가 녹고 해수면이 서서히 높아지고 있어요.
더 높은 제방을 건축하더라도 앞으로 홍수 피해를 완전히 막을 수는 없어요.
그래서 네덜란드 사람들은 도시를 다시 설계하고 있어요.

초대형 폭풍이 일어날 가능성은 적지만, 만약 생긴다면 바닷물이 장벽을 넘어 들이닥쳐 엄청난 홍수를 일으킬 수 있어요.

가벼운 재료로 만든 기초 위에 집을 지으면, 홍수로 물이 불어났을 때 물 위에 둥둥 떠다닐 수 있어요.

북해
홍수로 불어난 물
운하

풍차는 여러 대가 함께 작동했어요. 각 풍차가 바퀴를 움직여 차례로 물을 더 높은 곳으로 퍼 올렸어요.

물은 운하에서 운하로 차례차례 이동한 다음, 결국 바다로 나갔어요.

오늘날에도 여전히 이 원리를 이용해요. 다만 풍차가 아니라, 전기나 다른 연료로 움직이는 현대식 펌프를 쓰지요.

워터스퀘어라고 불리는 광장은 주변의 건물들보다 낮게 만들었어요.

큰 폭풍우나 홍수가 발생하면, 물은 주변의 집으로 흘러드는 대신 텅 빈 광장으로 모여들어요.

네덜란드 사람들은 물이 범람할 가능성이 큰 저지대에 스케이트보드장, 놀이터, 자연 보호구역 등을 만들었어요.

홍수로 넘친 물을 가두어 둘 장소를 만들어 두면, 온난화 세상에서 자신들의 도시를 안전하게 지킬 수 있을 거라고 생각한 거예요.

60 행운의 조난자들은…

뉴질랜드 근처에 있는 섬에 도착했어요.

1800년대, 뉴질랜드 남쪽에 있는 여러 황폐한 무인도에 배들이 자주 난파되었어요. 결국 정부에서는 그곳에 **조난자 창고**라고 불리는 특별한 오두막을 설치해 조난당한 생존자가 구조될 때까지 필요한 음식과 피난처를 제공해 주었어요.

남극 대륙 연안에
있는 뉴질랜드의 섬에
오신 것을
환영합니다.
상황이 더 나쁠 수도 있었어요!
소박하지만, 조난자 창고에서 머무르며…
안내 표지판을 따라 아늑한 오두막으로 가세요.
거기 가면 바람과 폭풍을 무사히 견뎌 낼 수 있는
모든 것이 있어요.

조난자 창고는 1920년대 후반까지 사용되었어요. 그러다 더 좋은 해도와 항해 장비, 더 튼튼하고 안전한 배가 나오면서 난파 사고는 거의 사라졌어요.

궂은 날씨에도 따뜻하게 지내고…

조난자 창고에는 독특한 무늬로 짠 모직 담요와 옷을 많이 쌓아 두었어요. 독특한 무늬는 도난 방지용이지요.

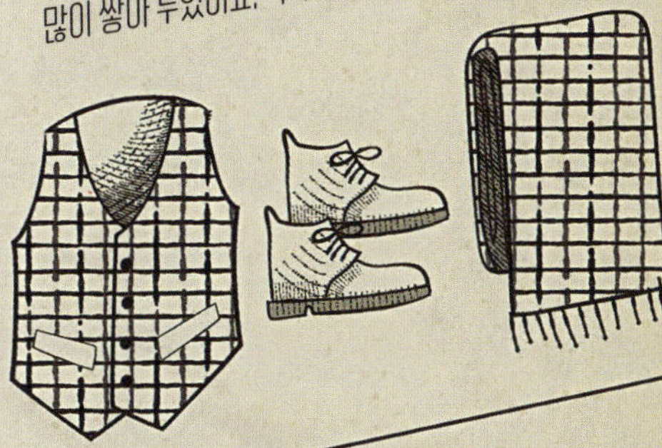

균형 잡힌 식사를 하고…

메뉴

방목한 돼지고기와 양고기, 쇠고기
(섬에는 사냥해서 먹을 수 있는 동물들이 있어요.)

갓 잡은 물고기
(만약 스스로 잡을 수 있다면)

다양한 종류의 통조림 식품
(특히 콩!)

다양한 활동을 해 보기를…

모든 창고에는 사냥용 소총, 낚싯바늘과 낚싯줄이 있어요.

몇몇 특별 창고에는 레크리에이션용 보트가 있어요. 이 보트를 타고 다른 섬과 근처의 다른 창고로 갈 수 있어요.

비 오는 날에는 체스판을 만들거나 침상 옆에 자신의 이름을 새겨 보세요.

최대 체류 기간: 6개월

섬 생활에 너무 잘 적응하지는 마세요. 증기선이 1년에 두 번 각 창고를 방문해 물자를 보충하고 조난자들을 구조해요.

61 고질라 같은 괴물들이…

태평양 바닥에 우뚝 서 있어요.

1980년대에 심해 잠수정들이 찍은 사진을 보면, 어둠 속에서 어렴풋이 모습을 드러낸 괴물들이 연기를 내뿜고 있어요. 과학자들은 이것을 '**열수구**'라고 불러요. 해저 화산과 마찬가지로 암석으로 된 이 구멍들에는 영화와 전설에 등장하는 괴물들의 이름이 붙여졌어요.

이런 구멍은 **블랙 스모커**라고도 불리는데, 온도가 **섭씨 460도**에 달하는 두꺼운 검은 먼지와 물을 뿜어내요. 이 정도 온도면 납을 녹일 수도 있어요.
열수구에서 분출된 물질이 차가운 바닷속에서 빠르게 식으면서 구멍에 달라붙어 점점 더 높아져요.
모스라 (나방 괴물)
고질라
사스콰치 (털북숭이 괴물)
고질라라고 불리는 열수구는 **50미터**까지 자라났다가, 대부분이 아래로 무너져 버렸어요.
그 이후 또다시 자라기 시작했는데, 1년에 **5미터** 이상 자라기도 해요.

62 유황 가스를 먹는 관벌레는…

입도 없고 위도 없어요.

과학자들은 열수구의 아주 뜨거운 열과 연기 속에서 살며 번성하는 생물을 발견했어요. 그 생명체는 이런 극한 환경 속에서, 식물과 동물을 먹는 대신 여러 열수구에서 뿜어져 나오는 유황 가스를 먹고 살아요. 바로 거대관벌레예요.

거대관벌레의 입처럼 보이지만, 붉은 깃털의 끝부분같이 생긴 이것은 아가미예요. 물에서 유황 성분을 흡수해요.
관벌레는 소화 기관은 없지만, 비어 있는 관 속에 수백만 마리의 박테리아가 가득해요.
아가미
관
박테리아가 유황 성분을 관벌레의 몸에 필요한 영양분으로 바꾸어 줘요.
가장 키가 큰 관벌레는 사람 키의 약 두 배, 3미터 넘게 자랄 수 있어요.

63 갈증이 가장 위험해요…

바다에서 조난을 당했을 때는요.

재난이 닥쳐서 바다에서 조난을 당하면 사람들은 세 가지 큰 위험과 맞닥뜨려요.
만약 그런 일이 일어난다면, 그중 가장 겁나는 일이 사실은 가장 일어날 가능성이 낮아요.

몸에서 물을 흡수하는 양보다 빠져나가는 양이 더 많으면 **탈수**가 일어나요. 결국 숨을 쉬지 못하게 될 수도 있어요.
1
갈증
바닷물을 마시면 너무 짜서 아무것도 마시지 않는 것보다 더 빨리 탈수될 거예요.
2
추위
체온이 35도 밑으로 떨어지면 **저체온증**이 와요. 그러면 심장이 멈출 수도 있어요.
3
상어
상어에 대해서는 크게 걱정하지 않아도 될 거예요. 잡아먹히기는커녕 상어가 나타날 가능성은 아주 낮아요.
상어에게 잡아먹히는 상황을 가리키는 의학 용어는 없지만, 치명적일 게 분명해요.
만약 공 모양으로 몸을 웅크린다면, 더 오랫동안 몸을 따뜻하게 유지할 수 있을 거예요.

작은 보트나 뗏목을 타고 있다면, 빗물을 마시고
물고기를 잡아서 몇 달 동안 바다에서 생존할 수 있어요.
심지어 홀로 물속에서 30시간 이상 버티다가 구조된 사람들도 있어요.

64 달걀 모양의 배로…

북극 얼음을 정복했어요.

1896년 8월 13일, *프람호*라는 배가 노르웨이 북쪽의 스발바르 제도 근처에 있는 두꺼운 북극 얼음층을 항해했어요. 이 배는 수많은 배가 침몰한 북극해에서 3년 동안 탐사를 벌였어요.

당시 대부분의 배는 선체의 옆면이 곧았어요. 항해에는 알맞은 모양이었지만…

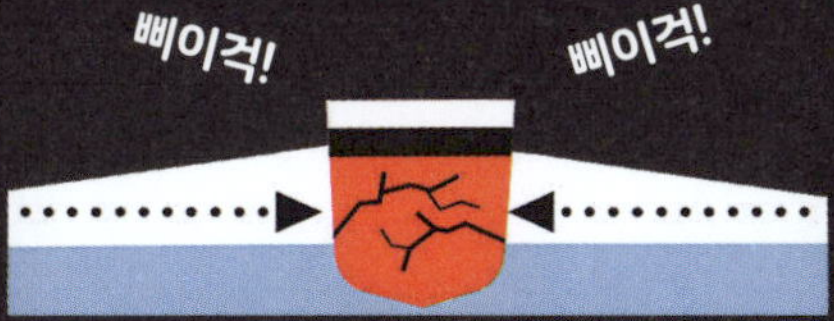

…배가 북극해에 도착하자 거대한 얼음판들 사이에 끼여 우그러지고 말았어요.

배가 우그러지는 것을 막기 위해, 노르웨이의 탐험가 프리드쇼프 난센은 둥근 모양에 잘 미끄러지는 더 튼튼한 배를 만들었어요.

이 배는 옆면이 얇고 달걀 밑면처럼 생겼어요. 배가 얼음에 눌리면, 미끄러져 쓱 올라감으로써 빠져나올 수 있었죠.

전등불을 켜기 위한 풍차

프람호 안에서 난센과 선원들은 안전하게 지냈고, 몇 달 동안 북극해의 얼음 *위*를 떠다녔어요.

펠트 천과 코르크, 순록 털로 만들어 열을 지켜 주는 단열 층

여러 겹의 단단한 판자 층

달걀 모양 덕분에, *프람호*는 북극해와 남극해 탐험을 여러 번 무사히 해낼 수 있었어요.

65 이주하던 딱따구리는…

뱀상어의 간식이 되기도 해요.

딱따구리, 굴뚝새, 휘파람새 등 내륙에 사는 많은 새가 일 년에 두 번 바다를 가로질러 아주 먼 거리를 날아가요. 새들은 날다가 바다로 떨어지기도 하는데, 바로 그곳에서는 뱀상어들이 새들을 집어삼킬 준비를 하고 있지요.

매년 봄, 20억 마리의 새가 멕시코와 미국 사이에 있는 멕시코만을 가로질러 날아가요.

그러고 나서 9월에서 10월에 걸쳐 다시 날아서 돌아오지요.

새들이 이주할 때에 맞춰 뱀상어들도 그 여행의 길목에 모여들어요.

내륙에 사는 새들은 바다에 사는 새들과는 달리 깃털에 기름이 없어요. 그래서 날다가 지쳐서 물에 떨어지면 오래 버틸 수가 없고…

…결국 밑에서 기다리고 있던 뱀상어에게 쉽게 잡아먹히는 먹이가 되지요.

66 물속에 가라앉은 보물을 차지하려면…

능력 있는 변호사가 필요해요.

고대 난파선에서 발견되는 보물은 수조 원의 가치가 있을 수도 있어요.
하지만 만약 여러분이 해저에서 침몰한 보물선을 발견한다면, 그것을 차지할 수 있을까요?
보물의 주인은 시간도 아주 오래 걸리고 비용도 많이 드는 법정 소송을 통해 결정될 때가 많아요.

값나가는 난파선이 발견되었을 때 여러 나라나 단체에서
그 난파선의 일부 또는 전부가 자기네 소유라고 주장하는 것은 흔히 있는 일이에요.

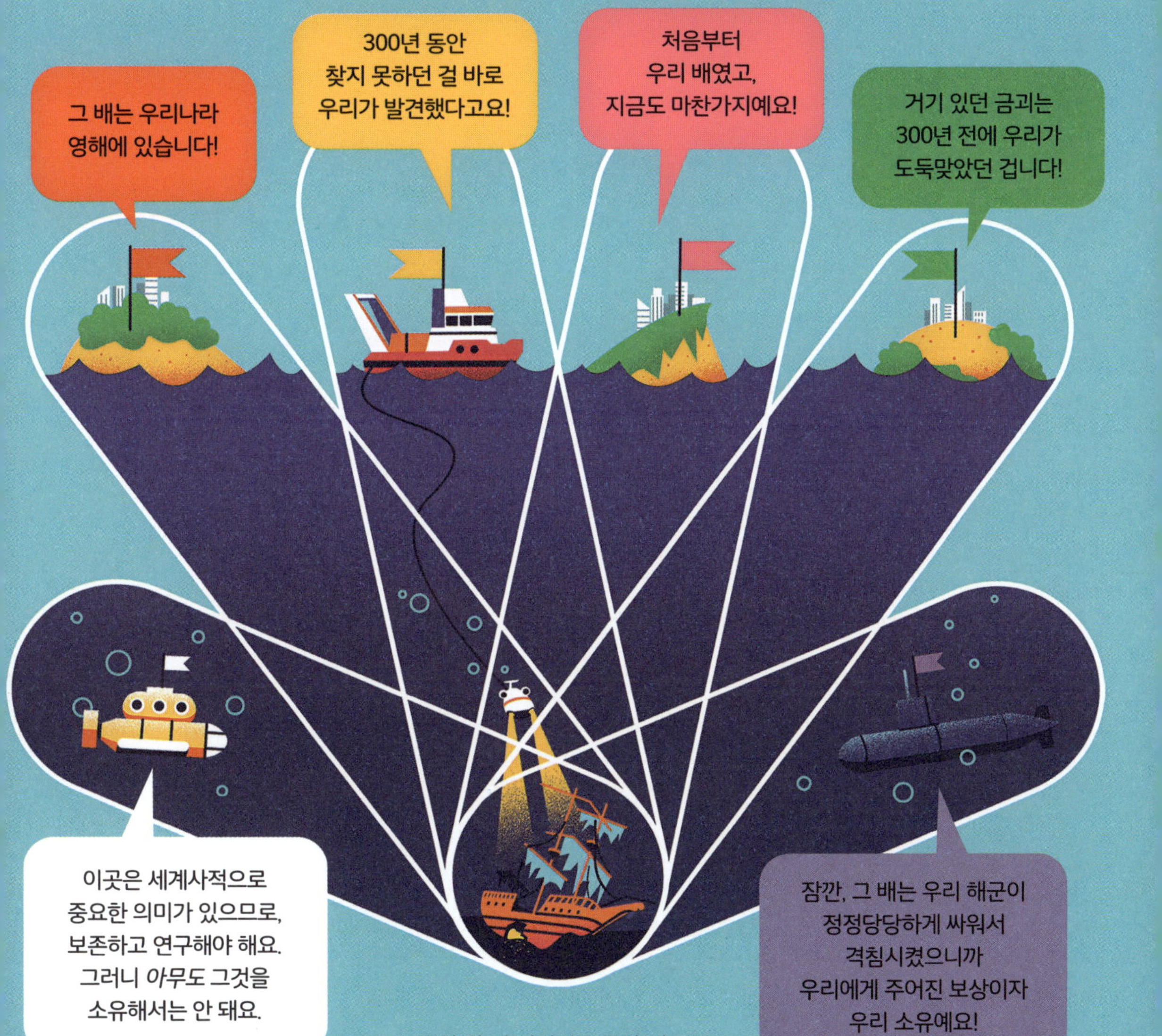

금화 한 닢 건지지도 못한 채,
난파선을 둘러싼 법적 분쟁이
몇 년 동안 이어질 수도 있어요.

67 바다가 끓어 올랐어요…

수십억 년 전의 일이었죠.

46억 년 전, 뜨거운 암석과 불이 소용돌이치며 지구가 형성되었어요.
많은 과학자가 40억 년 전에 지구상에 액체 상태의 바다가 나타났다고 생각해요.
비록 당시 지구 표면의 기온이 섭씨 230도로 지독하게 뜨거웠지만, 액체 상태가 유지되었어요.

이 정도 온도라면 물이 수증기로 바뀌어 공기 중으로 증발해야 하지만…

…과학자들은 바다를 밀어 누르는 대기의 압력이 매우 높아서 물이 액체 상태로 유지되었다고 생각해요.

그리하여 수천 년 동안 바다는 정말로 *끓어올랐어요.*

과학자들은 뜨겁게 타올랐던 이 시기를 그리스 신화에 나오는 저승의 신 하데스의 이름을 따서 '하데스대'라고 불러요.

수백만 년이 흐른 뒤에야 지구는 식기 시작했어요.
그제야 바다도 오늘날과 같은 모습을 가지게 되었어요.

68 무선 부호를 듣고…

선원들은 바다를 안전하게 항해해요.

영국의 방송사인 BBC 라디오에서는 날마다 영국 제도 주변의 바다 상황을 알려 주는 *해상 기상 통보*를 내보내요. 아나운서는 선원들이 이해할 수 있는 암호 같은 문구를 사용해서 필수적인 정보를 단 370개의 단어로 압축해서 말해 주지요.

포티스[1]: 반전[2], 왕바람[3], 즉시[4], 경이적으로 높음[5], 나쁨[6]

기상 통보는 31개의 위치 중 하나로 시작해서 자세한 정보를 이어서 알려 주어요.

1 **위치** - 영국 주변의 바다

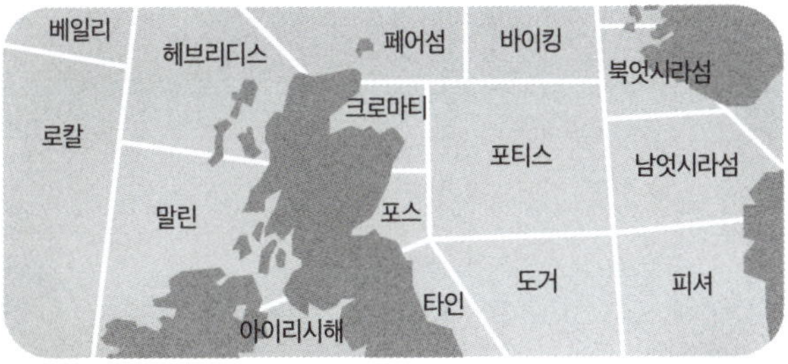
베일리
헤브리디스
페어섬
바이킹
북엇시라섬
로칼
크로마티
포티스
남엇시라섬
말린
포스
도거
피셔
타인
아이리시해

2 **풍향**

- *순전* 시계 방향으로 움직임
- *반전* 시계 반대 방향으로 움직임
- *선풍* 방향이 크게 바뀜

3 **강풍 경보** - 풍력

- *큰바람* 계급 8
- *노대바람* 계급 10
- *왕바람* 계급 11

4 **강풍 경보 발령**

- *즉시* 6시간 이내
- *곧* 6~12시간
- *나중* 12시간 후

5 **해상 상태** - 파도의 높이

- *잔잔함* 0.5미터 이하
- *보통* 1.25~2.5미터
- *거침* 2.5~4미터
- *높음* 6~9미터
- *경이적으로 높음* 14미터 이상

6 **가시성** - 멀리 볼 수 있는 정도

가시성은 **해리(nm)**라는 단위로 나타내요.
1해리는 1,852미터예요.

- *좋음* 5해리 이상
- *보통* 2~5해리
- *나쁨* 1,000미터 ~ 2해리
- *매우 나쁨* 1,000미터 이하

세계 각국에서는 BBC 라디오의 영향을 받아 자국의 언어로 비슷한 체계를 만들어서 사용해요.

69 모래와 암석 도서관에서…

바다의 이야기를 들어 보세요.

전 세계의 과학 연구소에서는 해저 밑을 드릴로 뚫어서 뽑아낸 갖가지 견본을 모아 두고 있어요. 이것을 '**코어**'라고 불러요. 과학자들은 코어를 분석해 지난날 시기별로 바닷물이 어떻게 흘렀는지 알아낼 수 있어요.

2003년 남대서양의 견본을 좀 찾아주겠나?
잠깐만요. 1968년 북서태평양의 견본들을 분류하는 중이거든요.
대부분의 코어에는 뚜렷한 층이 나타나요. 맨 위층이 가장 최근의 것이지요. 아래 코어를 보면 채취될 당시에는 해저가 대부분 조개껍데기로 되어 있었다는 것을 알 수 있죠.
대부분 조개껍데기
대부분 석회암
대부분 사암

각각의 층은 지난 수 세기 동안 시기별로 해저가 어땠는지 보여 줘요.

때때로 다른 바다에서 채취한 코어의 층이 서로 일치할 때도 있어요. 바닷물이 한쪽 바다에서 다른 쪽 바다로 흘러갔다는 것을 알 수 있죠.

70 가라앉는 구명보트가 있어요…

그런 다음 물위에 뜨지요.

모든 대형 선박에는 구명보트가 실려 있어서 위급한 상황이 생겼을 때 선원들이 안전하게 대피할 수 있어요. 대개 구명보트는 밧줄이나 케이블을 이용해 바다 위로 내리지만, 이 방법은 때때로 시간이 너무 오래 걸려요.

기름을 운반하는 유조선 같은 선박은 불이 나면 바로 폭발할 수도 있어요. 그래서 선원들이 신속하게 대피할 수 있도록 일반적인 구명보트 대신 특수 제작한 **자유낙하 구명보트**를 싣고 다녀요.

재난 상황이 발생했을 때,
선원들은 재빨리 구명보트에
타고 몸을 묶어요.
아탈라
런던
구명보트는 트랙을 따라
미끄러져 내려가 바다로
곤두박질치고…
…보트는 파도치는
바다 밑으로 가라앉았다가…
…조금 떨어진 곳에서
물위로 불쑥 올라오죠.
이제 재빨리 달아나요.
이 구명보트는
50미터 높이에서
최고 시속 **110킬로미터**로
바다에 부딪혀도 안전하답니다.

71 외톨이 문어들이…

해저 도시를 만들었어요.

문어는 혼자 사는 것을 좋아해요. 하지만 외로운 문어로 알려진 검은문어는 과학자들이 한때 생각했던 것만큼 외톨이가 아닐지도 몰라요. 호주의 저비스만 해저에는 '옥토폴리스'라고 불리는, 아주 인기 있는 장소가 있어요. 옥토폴리스란 문어들의 마을이라는 뜻이에요.

옥토폴리스를 연구하는 해양 생물학자들이 그 문어들을 관찰했더니…
1 …문어들은 함께 살며
어떤 종류의 집을 찾으시나요? 모래 집 아니면 조개 집?
2 …맘에 들지 않는 다른 문어를 쫓아내기도 하고
말썽쟁이야, 여기서 나가!
방범대
옥토폴리스에 오신 것을 환영합니다. 적도 남부에서 손꼽히는 최고급 주택 단지!

옥토폴리스는 2009년에 과학자들이 최초로 함께 사는 문어를 발견한 장소예요. 그리고 2017년, 해양 생물학자들은 근처에서 두 번째 장소를 발견해, '옥틀란티스'라는 이름을 붙였어요.

72 동물 플랑크톤은 통근을 해요…

매일매일 말이에요.

매일 아침, '**동물 플랑크톤**'이라고 불리는 아주 작은 생물 수억 수조 개가 깊은 바닷속으로 출발해요. 그리고 저녁마다 수면으로 돌아오지요. 양으로 보면 지구상에서 가장 큰 규모의 이동이에요. 이 일은 날마다 일어나고 있어요.

동물 플랑크톤만 매일 이런 여행을 떠나는 건 아니에요. 오징어나 물고기, 작은 갑각류 중 일부 종도 함께 가지요.

낮 동안에 심해 해류가 동물 플랑크톤을 새로운 바다로 데려다줘요.

73 좋은 카약은…

맞춤옷처럼 몸에 꼭 맞아야 해요.

수천 년간 북극 지역에 사는 원주민들은 가벼운 1인용 보트인 카약을 타고 사냥과 낚시를 했어요. 카약은 실제로 그 배를 탈 '패들러'에 맞춰 저마다 다르게 만들었어요.

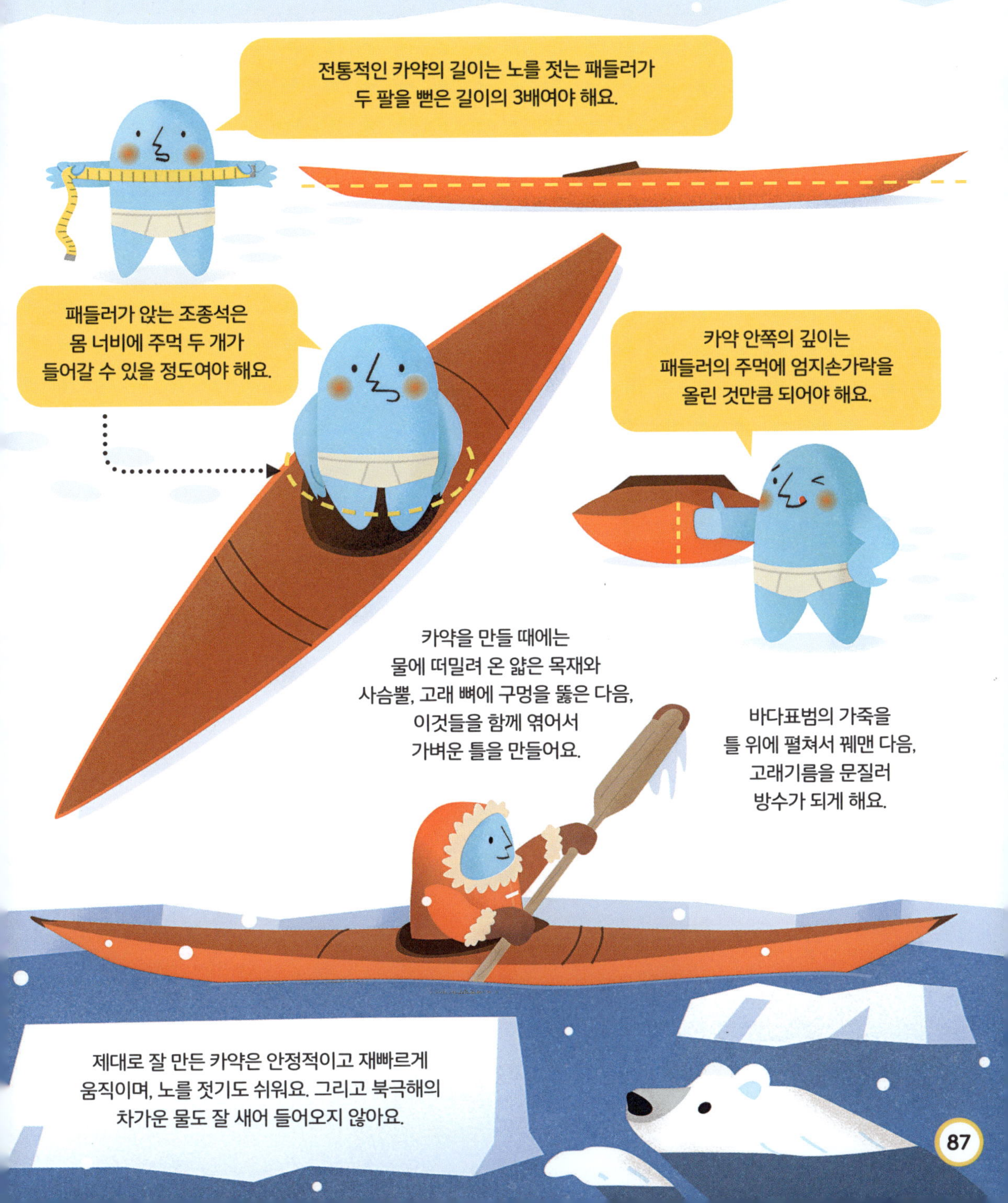
전통적인 카약의 길이는 노를 젓는 패들러가 두 팔을 뻗은 길이의 3배여야 해요.
패들러가 앉는 조종석은 몸 너비에 주먹 두 개가 들어갈 수 있을 정도여야 해요.
카약 안쪽의 깊이는 패들러의 주먹에 엄지손가락을 올린 것만큼 되어야 해요.
카약을 만들 때에는 물에 떠밀려 온 얇은 목재와 사슴뿔, 고래 뼈에 구멍을 뚫은 다음, 이것들을 함께 엮어서 가벼운 틀을 만들어요.
바다표범의 가죽을 틀 위에 펼쳐서 꿰맨 다음, 고래기름을 문질러 방수가 되게 해요.
제대로 잘 만든 카약은 안정적이고 재빠르게 움직이며, 노를 젓기도 쉬워요. 그리고 북극해의 차가운 물도 잘 새어 들어오지 않아요.

74 해변이 없는 바다는 오직…

사르가소해뿐이에요.

사르가소해는 버뮤다 동쪽에 있는 대서양 해역을 말해요.
사르가소해를 둘러싸고 해류가 시계방향으로 빙빙 돌며 흐르죠.

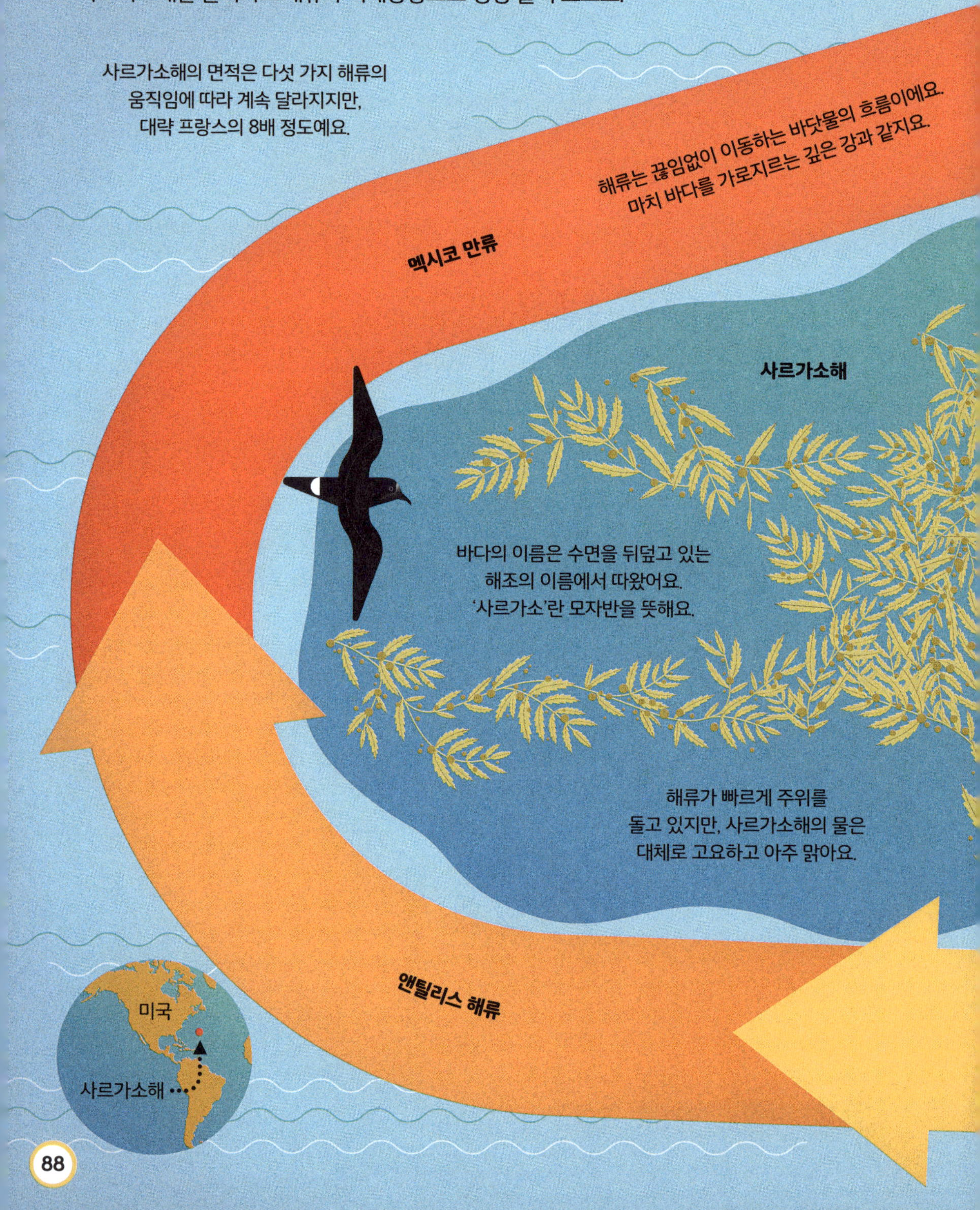
사르가소해의 면적은 다섯 가지 해류의
움직임에 따라 계속 달라지지만,
대략 프랑스의 8배 정도예요.
해류는 끊임없이 이동하는 바닷물의 흐름이에요.
마치 바다를 가로지르는 깊은 강과 같지요.
멕시코 만류
사르가소해
바다의 이름은 수면을 뒤덮고 있는
해조의 이름에서 따왔어요.
'사르가소'란 모자반을 뜻해요.
해류가 빠르게 주위를
돌고 있지만, 사르가소해의 물은
대체로 고요하고 아주 맑아요.
앤틸리스 해류
미국
사르가소해

사르가소해의 모자반 해조는
백새치와 악상어, 갓 부화한 뱀장어 등
많은 생물을 보호해 주고
먹이도 제공해 주어요.

새끼 붉은바다거북은
해조 속에 숨어서 포식자를 피해요.
해조는 햇빛을 흡수해 거북들이
따뜻하게 지낼 수 있게 해 주어요.
그 덕분에 붉은바다거북은
먹이를 잘 먹고 더 빨리 자랄 수 있어요.

75 물속에서 나는 빛 때문에…

눈이 부시고, 깜짝 놀라고, 끌리고, 혼란스러워요.

많은 바다 생물이 '**생물 발광**'을 해요. 생물들이 몸에서 스스로 빛을 만들어 낸다는 뜻이에요. 빛의 역할은 생물 종에 따라서 달라요.

어떤 종은 특정한 조건에서 빛을 내는 형광 화학물질을 가지고 있어요. 또 다른 종은 몸속에 사는 박테리아가 빛을 만들어요.

포식자들을 혼란스럽게 만들어요.

많은 종류의 해파리가 생물 발광을 해요. 그중 일부는 건드리면 초록색이나 파란색의 빛을 내어 포식자의 눈을 부시게 만들어요.

먹잇감을 끌어들여요.

아귀는 머리 위에 돋아 있는 유인 돌기 끝에 발광체가 있어요. 불빛을 이용해 작은 물고기를 쩍 벌린 입안으로 꾀어 들여요.

어둠 속에서 볼 수 있어요.

드래곤피시는 빨갛게 빛나요. 그 덕분에 어둡고 깊은 물속에서는 잘 보이지 않는 빨간색 작은 생물을 찾아서 잡아먹을 수 있어요.

포식자들을 깜짝 놀라게 해요.

섬광 오징어는 공격을 받으면 반짝이는 액체를 엄청나게 뿜어내 포식자들을 놀라게 해요.

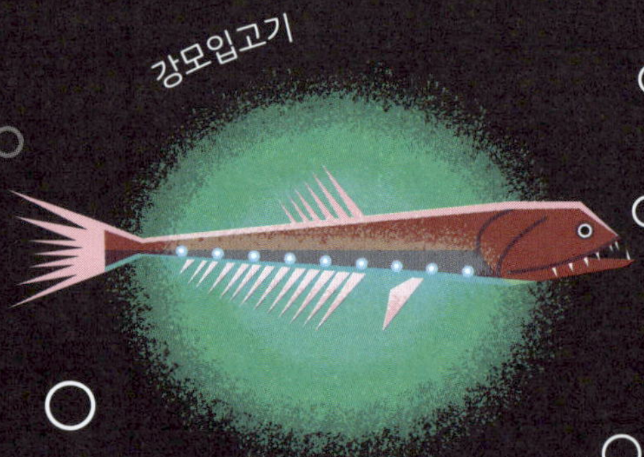

빛을 이용해 위장해요.

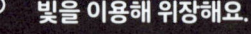

강모입고기는 몸 밑면을 따라 빛이 한 줄로 늘어서 있어요. 아래에서 올려다보는 포식자들에게는 위쪽의 밝은 하늘과 섞여 물고기가 잘 보이지 않아요.

76 지구 인구 한 사람당…

강모입고기는 1,000마리예요.

지구에 살고 있는 강모입고기는 몇 조 마리에 달해요.
다른 **척추동물**, 즉 등뼈가 있는 다른 동물들과 비교하면 아주아주 많은 수예요.

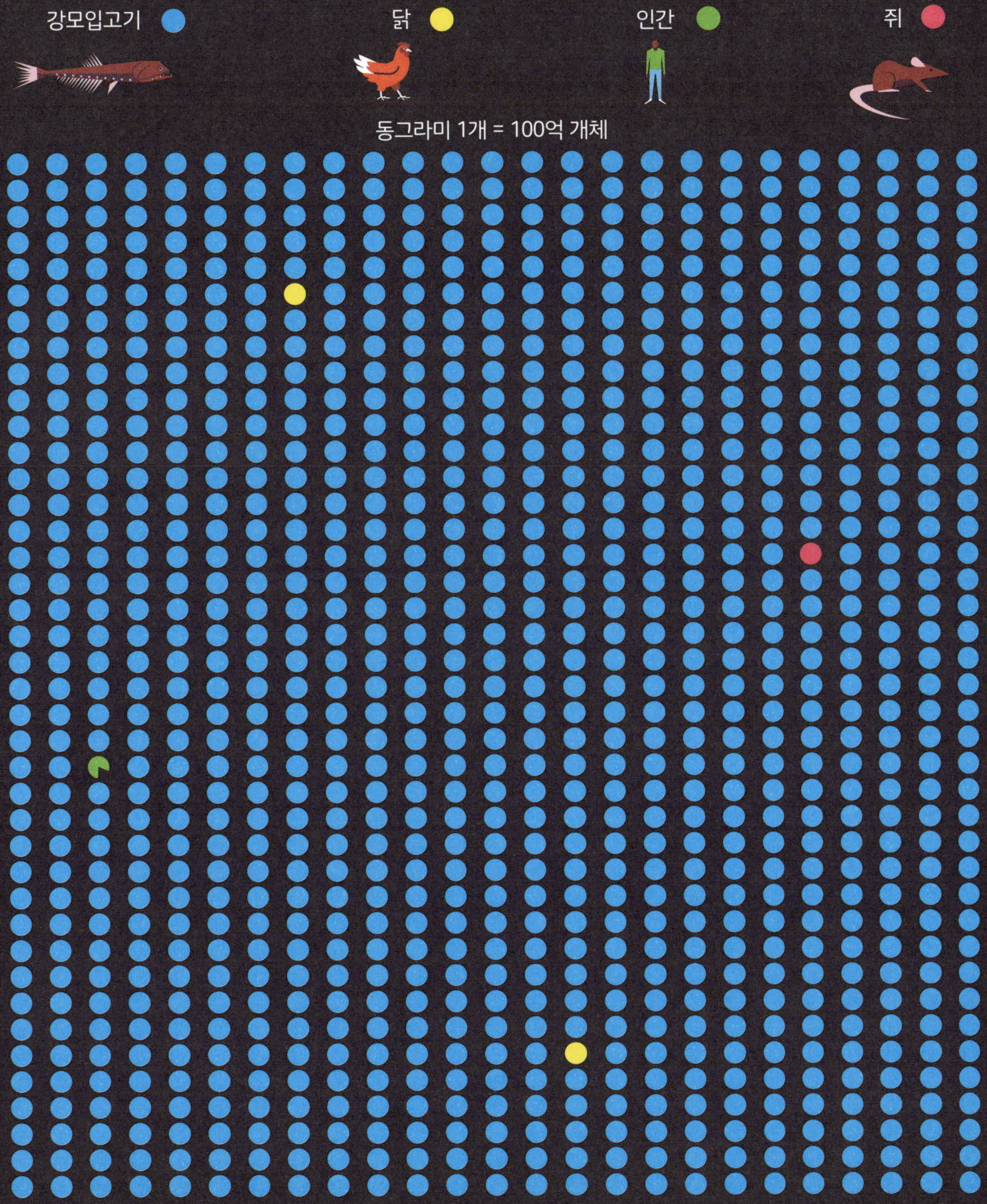

이 세상에 살고 있는 모든 동물의 개체 수를 정확하게 세는 것은 매우 어려운 일이에요.
이것은 과학자들이 어림잡아 계산한 추정치랍니다.

77 카리브해의 인어들이…

콜럼버스를 어리둥절하게 만들었어요.

1493년 1월 9일, 이탈리아의 탐험가 크리스토퍼 콜럼버스는
대서양을 항해하던 중에 배 밖으로 인어 셋을 보았어요.

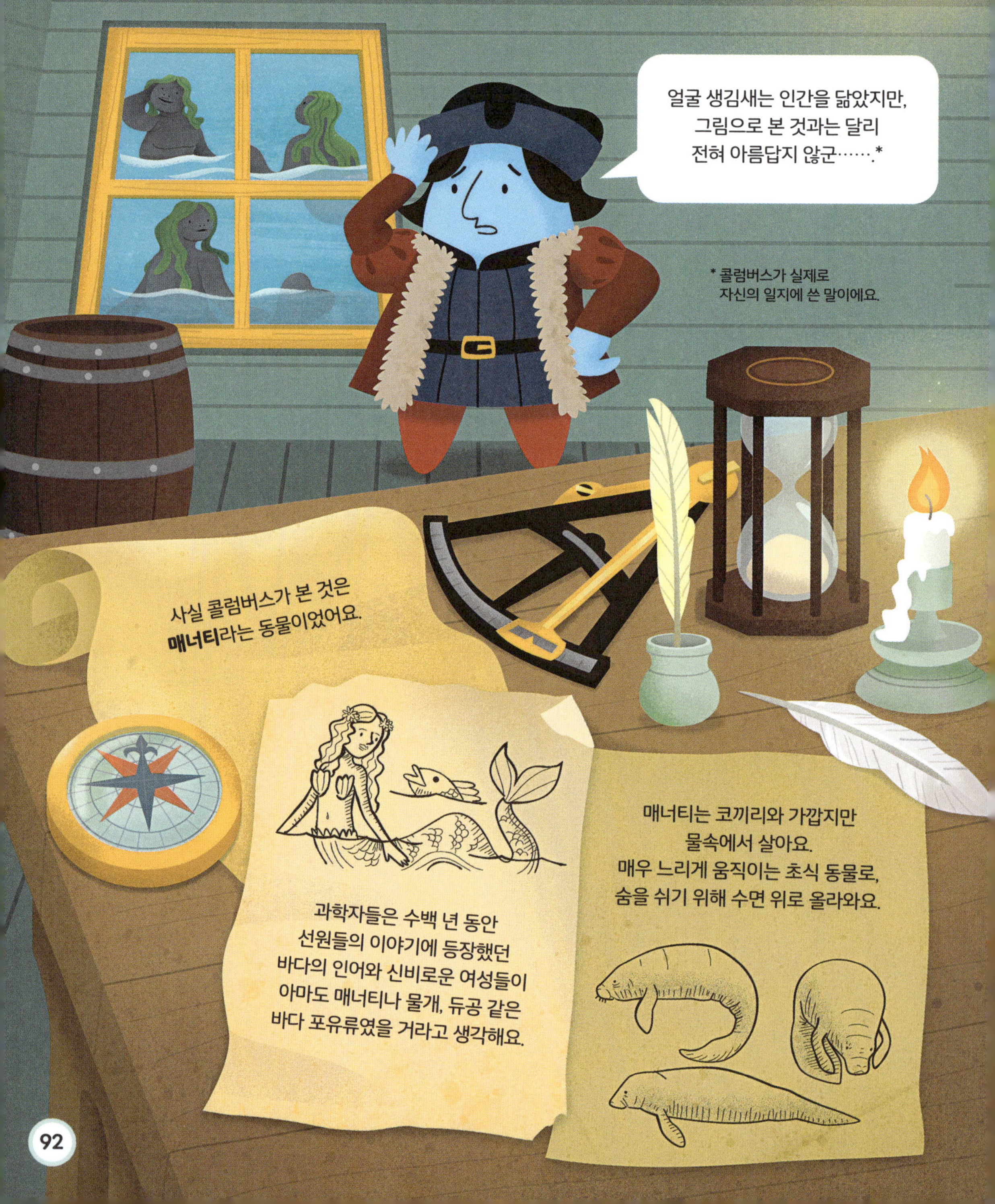
얼굴 생김새는 인간을 닮았지만,
그림으로 본 것과는 달리
전혀 아름답지 않군…….*

* 콜럼버스가 실제로
자신의 일지에 쓴 말이에요.

사실 콜럼버스가 본 것은
매너티라는 동물이었어요.

과학자들은 수백 년 동안
선원들의 이야기에 등장했던
바다의 인어와 신비로운 여성들이
아마도 매너티나 물개, 듀공 같은
바다 포유류였을 거라고 생각해요.

매너티는 코끼리와 가깝지만
물속에서 살아요.
매우 느리게 움직이는 초식 동물로,
숨을 쉬기 위해 수면 위로 올라와요.

78 오래도록 변함없는 해골이…

바다의 역사를 알려 줘요.

바다에는 '**규조류**'라고 불리는 단세포 조류 수억 수조 개가 가득 차 있어요.
규조류는 죽으면 '**피각**'이라고 하는 복잡하게 생긴 유리 같은 외부 골격을 남겨요.
피각은 해저에 가라앉아 영원히 사라지지 않아요.

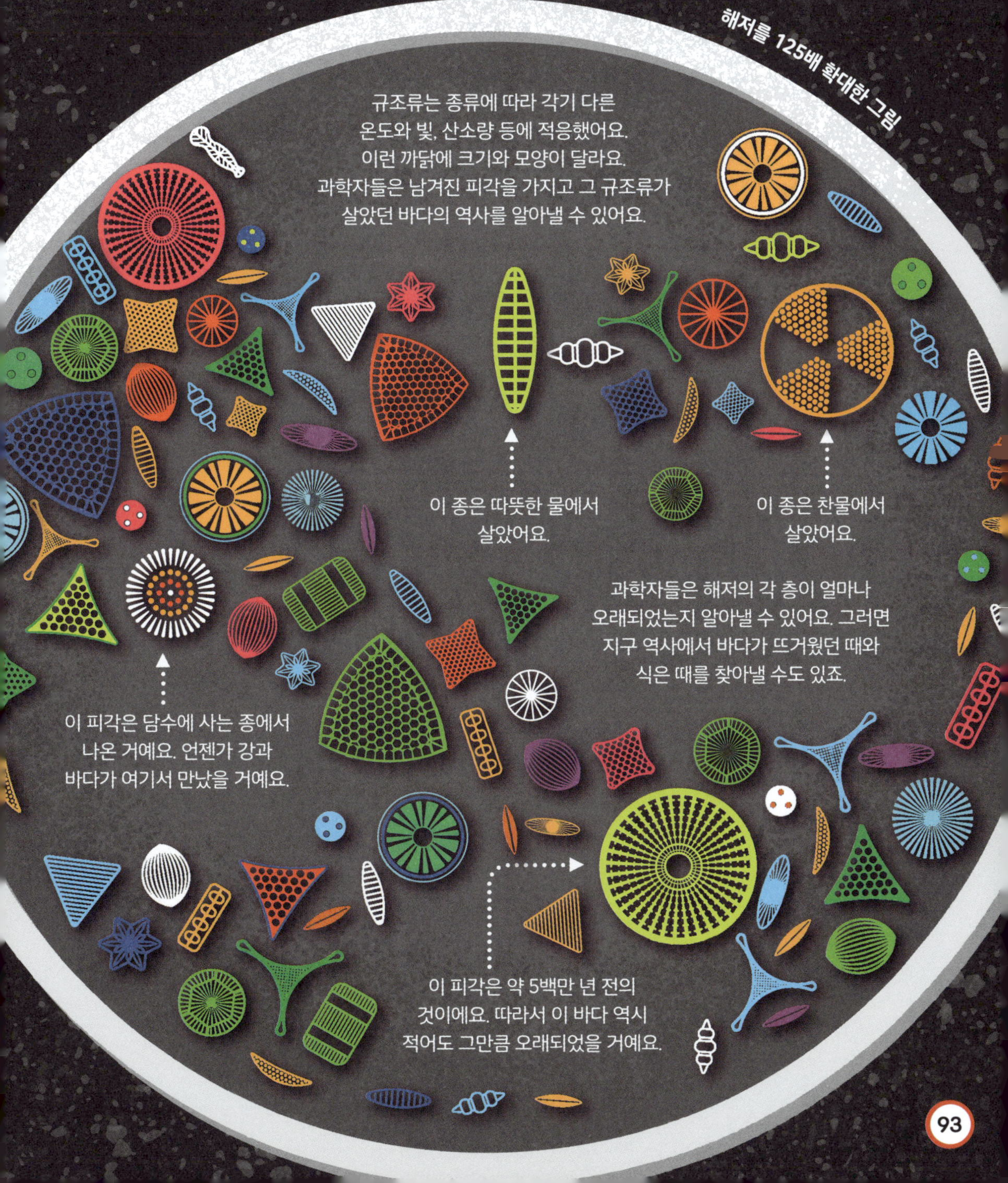

해저를 125배 확대한 그림
규조류는 종류에 따라 각기 다른 온도와 빛, 산소량 등에 적응했어요. 이런 까닭에 크기와 모양이 달라요. 과학자들은 남겨진 피각을 가지고 그 규조류가 살았던 바다의 역사를 알아낼 수 있어요.
이 종은 따뜻한 물에서 살았어요.
이 종은 찬물에서 살았어요.
과학자들은 해저의 각 층이 얼마나 오래되었는지 알아낼 수 있어요. 그러면 지구 역사에서 바다가 뜨거웠던 때와 식은 때를 찾아낼 수도 있죠.
이 피각은 담수에 사는 종에서 나온 거예요. 언젠가 강과 바다가 여기서 만났을 거예요.
이 피각은 약 5백만 년 전의 것이에요. 따라서 이 바다 역시 적어도 그만큼 오래되었을 거예요.

79 중세의 특별한 조립 라인 덕분에…

베네치아는 해군 강국이 되었어요.

13세기에서 16세기 사이, 베네치아는 지중해에서 가장 강력한 해군을 가진 나라였어요.
이는 빠르고 효율적인 선박 건조 산업 덕분이었는데,
베네치아는 현대식 공장의 조립 라인과 비슷한 시스템을 가지고 있었어요.

공사는 육지에서 시작되어요.
이곳에서 배의 주요 부분인
선체가 만들어져요.

1 골격 만들기와 판자 붙이기.

먼저 육상 독에서 가볍고 튼튼한 골격을 지어요.
'독'이란 선박을 건조하고 수리하는 시설이에요.
그런 다음, 판자를 덧대 선체를 만들어요.

6 부속물 설치하기.

배가 거의 완성되었어요. 특별 작업장에서
닻과 밧줄, 돛, 노를 설치해요.

7 식량 등 보급품 싣기.

주방에는 딱딱하게 구운 비스킷,
소금에 절인 고기와 생선 등
긴 항해 동안 오래 저장할 수
있는 음식을 준비해 둬요.

베네치아의 선박 건조 지역은 **아스날**이라고 불렸어요. 한창 번성했을 때는 1만 6천 명이나 되는 사람들이 고용되어 각자의 전문 분야에서 일을 했어요.

② 틈새 메꾸기.

배에 물이 새어 들어오지 않도록 판자 사이사이를 채워요. 틈새를 메꿀 때는 삼과 송진을 섞은 끈적끈적한 재료를 써요.

③ 물 위에 띄우기.

선체를 운하로 내려요. 운하를 통해 선제 작업과 부속 작업을 하는 다른 작업장으로 끌고 가요.

⑤ 무기 싣기.

배에 무기를 실어요. 16세기부터 상선과 전함은 대포로 무장하고 있었어요.

대포
포탄
이동식 대포
화약

④ 돛대 설치하기.

돛대를 규격에 맞춰 미리 자르고, 배에 설치할 준비를 해요.

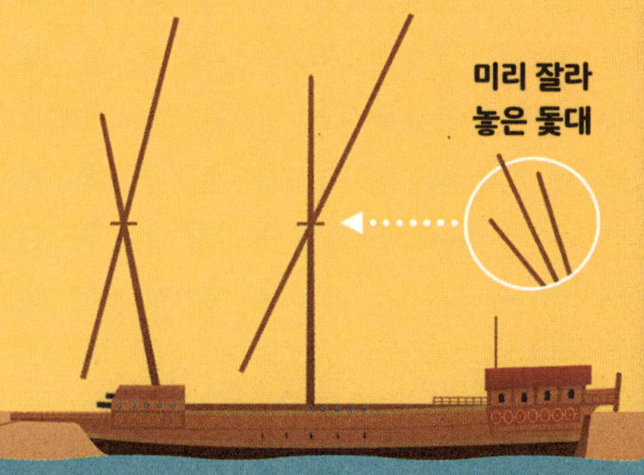

미리 잘라 놓은 돛대

선원

⑧ 진수하기.

새로 만든 배를 처음 물에 띄우는 것을 '진수'라고 해요. 조립 라인의 맨 끝에 다다르면, 배에 모든 장비가 다 갖춰지고 최소한 200명의 선원이 배에 올라 출항할 준비를 마쳐요.

80 뱀장어의 눈은…

바다에서 8배나 커져요.

유럽과 미국의 뱀장어들은 다 자라면 그때까지 살던 강에서 대서양 바다를 향해 떠나요. 버뮤다 근처의 사르가소해까지 10,000킬로미터에 이르는 긴 여정을 시작하지요. 일단 바다에 도착하면 뱀장어의 몸에는 엄청난 변화가 생겨요.

강에 있을 때
작은 보라색 눈
황갈색 피부
바다로 넘어가면
눈이 더욱 커져서 깊은 물속에서도 잘 볼 수 있어요.
더 이상 먹이를 먹지 않아요. 소화기관은 퇴화하고, 뱀장어의 몸은 번식을 준비해요.
피부는 더 단단해지고,
바다에 도착한 지 두 달 후
눈은 강에 있을 때보다 8배나 커지고 금빛을 띠어요. 그래서 바닷속에서 빛을 더 많이 흡수할 수 있어요.
피부가 은색으로 변해서 몸을 숨기기에 좀 더 유리해져요.
사르가소해에서
뱀장어는 짝짓기를 하고 알을 낳아요.* 알에서 작고 투명한 뱀장어가 부화해 해류를 타고 다시 해안선으로 떠내려가요.
어린 뱀장어들은 강으로 가서 어른이 될 때까지 그곳에서 살아요. 그러다 보면 번식하기 위해 바다로 돌아갈 때가 올 거예요.
사르가소해

* 뱀장어가 알을 낳는 정확한 장소는 아직 알려지지 않았어요.

81 위아래가 뒤집힌 세상이…

남극의 얼음 아래에서 발견되었어요.

과학자들은 남극 대륙의 로스해에 있는 거대한 얼음덩어리인 빙붕 아래로 수중 카메라를 깊숙이 내려 보냈어요. 그러자 어둠 속에서 거꾸로 선 놀라운 세상이 나타났어요.

82 수명을 다한 우주선은…

바닷속 묘지에 잠들어 있어요.

우주선은 고장이 나거나 더 이상 쓸모가 없어지면, 지구로 되돌아올 수도 있어요.
지구 대기권에 재진입하면서 우주선의 대부분은 불타 버리고,
나머지는 태평양의 아주 외진 곳에 추락해요.

이 지역은 지구상의 어느 육지와도 멀리 떨어져 있어요. 어디든 그 거리가 수천 킬로미터가 넘어요.

우주선이 이 먼바다에 추락했을 때 곧바로 피해를 당하는 사람은 없어요. 하지만 우주 쓰레기를 이처럼 전부 바다에 버렸을 때 어떤 장기적인 영향이 나타날지는 아직 밝혀지지 않았어요.

우주 보급선
프로그레스 1~42호
러시아
1978~1990
ATV*
무인 화물 우주선
유럽
2008~2014
*ATV: 자동 화물선.

현재 이 바다 밑에는 수백 개의 우주선 잔해가 있어요. 몇 년 지나면 이제 국제우주정거장도 이곳에 함께 묻히게 될 거예요.

83 대포가 떨어진 곳을…

국경으로 정한 적이 있었어요.

한 나라의 국경이 그 나라의 해안선과 정확히 일치하는 건 아니에요.
사실 한 나라의 힘과 권리는 해안에서 몇 킬로미터 밖까지 확장될 수도 있어요.
그 거리를 얼마로 할지, 수 세기 동안은 대포의 사정거리로 국경을 결정했어요.

영해
공해
오늘날, 대부분 국가의 **영해**는 해안로부터 약 22킬로미터까지예요.
여기 해당되는 바다는 해저부터 바다 위 상공까지 그 나라에 속해요.
이곳은 어느 나라의 소유도 아니에요.
그러나 20세기 중반까지는 그 나라의 무력이 미치는 범위까지만 영해로 주장했어요.
잠깐, 방금 뭔가 쿵 하는 소리 들은 사람 있어?
쿵!
육지에서 발사하는 대포의 최대 사정거리가 약 **3해리** (바다에서 사용하는 거리 단위로, 1해리는 약 1.85킬로미터)였기 때문에…
이런…. 이봐, 우리 아직 공해에 도착하지 않은 거야?
…이것이 한 나라가 주장할 수 있는 영해의 최대치일 거라는 점에 대부분의 나라가 동의했어요. 이것을 **착탄거리설**이라고 해요.
간신히 피했어!
풍덩!
3해리(약 5.6킬로미터)

84 바닷가재 때문에 전쟁이 일어났어요…

브라질과 프랑스의 싸움이었죠.

1960년대, 누구에게 바닷가재를 잡을 수 있는 권리를 줄 것인가를 두고 브라질과 프랑스 사이에 분쟁이 일어났어요. '바닷가재 전쟁'은 결국 한 가지 질문으로 모아졌어요. 바닷가재는 걷는 걸까 아니면 헤엄을 치는 걸까?

프랑스 어부들이 우리를 잡으러 이리로 오고 있었지. 여긴 브라질 연안의 공해 밑에 있는 대륙붕인데, 우리 바닷가재들이 많이 살고 있었거든.
사실 우리 바닷가재들은 ***둘 다*** 할 수 있어. 그런데 브라질과 프랑스 사이의 실랑이가 점점 심해지더니, 두 나라 모두 자국의 어선을 보호하기 위해 군함을 보냈지.

어업법에 따르면, 어느 나라의 배든 이 바다에서 ***헤엄치는*** 생물은 다 잡을 수 있었지만…

…대륙붕 위를 ***걸어다니는*** 생물을 잡을 수 있는 배는 브라질 배뿐이었어요.

3년 동안 갈등이 점점 심해진 끝에 법이 바뀌었어요. 브라질 영토가 대륙붕 위의 바다까지로 확장되었고, 군함들은 각기 자기 나라로 돌아갔어요.

85 몰래 배에 오른 씨앗이…

전 세계를 항해했어요.

미국 뉴욕에서 벨기에의 앤트워프에 이르기까지 오래된 항구 도시에서는 세계 여러 지역에서 온 식물들이 나란히 자라고 있는 모습을 볼 수 있어요. 어떻게 이 식물들이 한곳에 모이게 되었을까요? 어느 땐가 저마다 밀항을 했기 때문이죠.

흑종초(니겔라)
원산지: 지중해
서양고추나물
(세인트존스워트)
원산지: 유럽
쑥부지깽이
원산지:
북유럽과 아시아
줄맨드라미
원산지:
열대 아메리카
'바닥짐'이란 배에 실은 화물의 양이 적어 배의 균형을 유지하기 어려울 때, 안전을 위해 배의 바닥에 싣는 무거운 짐을 말해요.

선원들은 출발하기 전에 해변의 모래와 자갈 등을 배에 실었어요. 이것을 **바닥짐**이라고 해요.

바닥짐에는 우연히 식물의 씨앗이 섞여 드는 일이 많았어요. 외국의 해안에 도착한 선원들은 새 화물을 싣기 위해 바닥짐을 그곳 해안에 버렸지요.

어떤 씨앗들은 새 보금자리에서 싹을 틔워 번성했고, 꽃다발로 만들어져 이런 꽃병에 다 함께 꽂히기도 했어요.

86 최고의 잠수부들은…

남들보다 큰 비장을 가지고 있어요.

동남아시아의 바자우족은 유명한 잠수부예요. 1,000년 동안 창과 물안경만으로 근해의 산호초에서 물고기를 사냥했어요. 몇몇 바자우 잠수부들은 물속에서 13분 동안이나 숨을 참을 수 있어요. 어떻게 가능할까요? 그건 몸속에 있는 어떤 장기 덕분일지도 몰라요. 바로 비장 말이에요.

우리는 숨을 쉴 때 산소를 들이마시는데, 산소는 적혈구 속으로 들어가요. 비장은 적혈구와 같은 혈액 세포 일부를 저장한 뒤, 신체의 산소 농도가 낮을 때 다시 내보내요.

비장이 클수록 산소가 풍부한 적혈구를 더 많이 저장할 수 있어요. 이 말은 곧, 비장이 큰 잠수부들이 더 오랫동안 숨을 참을 수 있다는 뜻이에요.

바자우족은 보통 사람들보다 약 **50% 더 큰** 비장을 갖게 진화했어요.

보통 사람의 비장

바자우족의 비장

큰 비장 덕분에 바자우족은 한 번 숨을 참고서 60미터 이상 잠수할 수 있어요.

바자우 잠수부는 하루 일과 시간의 60퍼센트를 물속에서 지낼 수 있어요. 창과 잠수용 추, 물안경만 있으면 돼요.

87 소용돌이나 무풍 때문에…

자칫 잘못하면 바다에 갇히고 말아요.

먼바다를 항해하다 보면, 배가 물속에 가라앉거나 암초에 좌초되는 등 온갖 종류의 심각한 사고를 당할 수 있어요. 예측이 가능한 일도 있지만, 아무 경고도 없이 순식간에 일어나는 사고가 더 많아요. 실제로 항해는 때때로 운명의 장난처럼 느껴지지요.

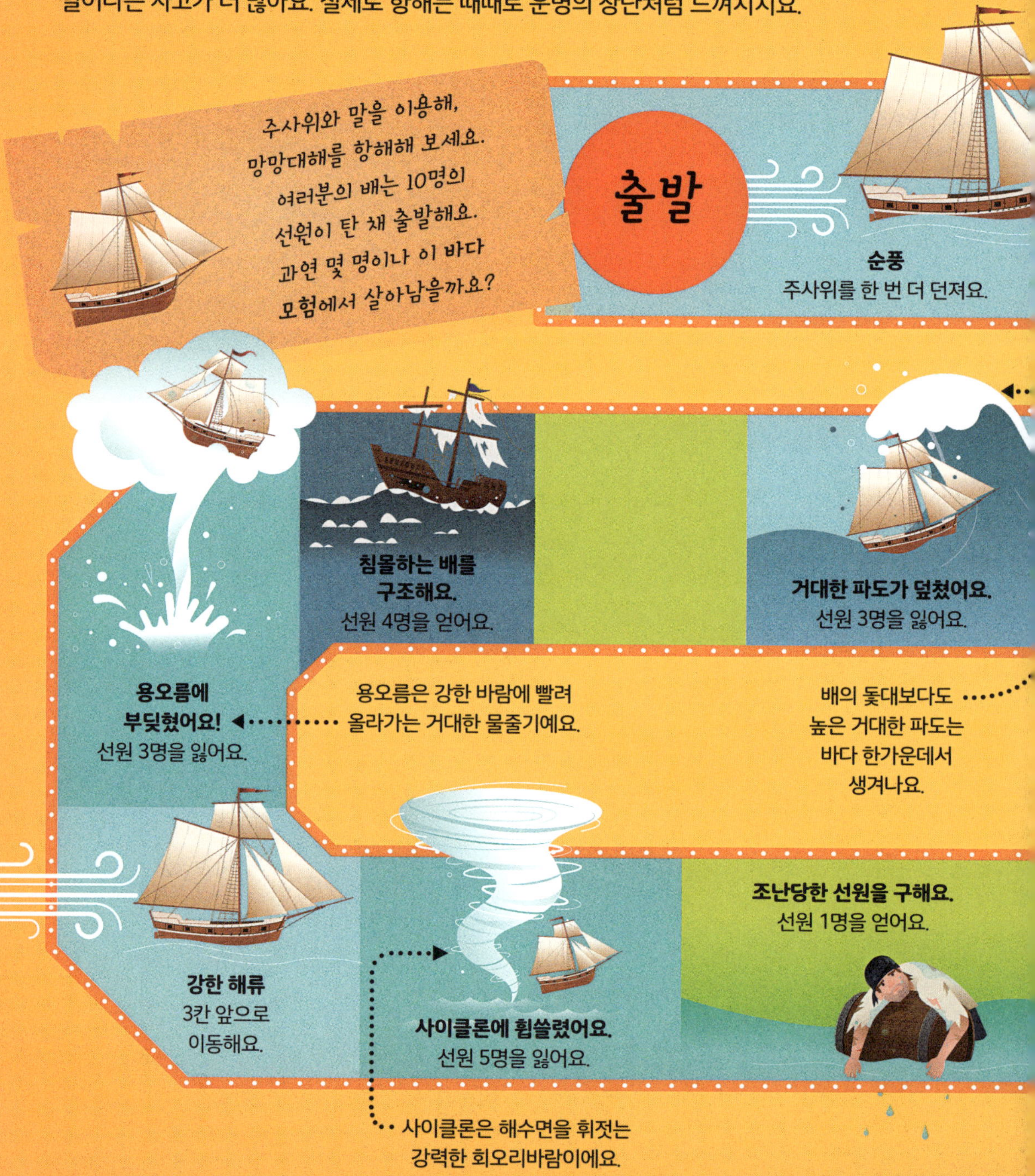

주사위와 말을 이용해,
망망대해를 항해해 보세요.
여러분의 배는 10명의
선원이 탄 채 출발해요.
과연 몇 명이나 이 바다
모험에서 살아남을까요?
출발
순풍
주사위를 한 번 더 던져요.
거대한 파도가 덮쳤어요.
선원 3명을 잃어요.
침몰하는 배를 구조해요.
선원 4명을 얻어요.
용오름에 부딪혔어요!
선원 3명을 잃어요.
용오름은 강한 바람에 빨려 올라가는 거대한 물줄기예요.
배의 돛대보다도 높은 거대한 파도는 바다 한가운데서 생겨나요.
강한 해류
3칸 앞으로 이동해요.
사이클론에 휩쓸렸어요.
선원 5명을 잃어요.
조난당한 선원을 구해요.
선원 1명을 얻어요.
사이클론은 해수면을 휘젓는 강력한 회오리바람이에요.

안개 속에서
길을 잃었어요.
선원 1명을 잃어요.
무풍대에서 배가
멈추어 버렸어요.
2회 쉬어요.
짙은 안개 속에서는
배가 암초에 부딪혀
길을 잃을 수 있어요.
무풍대는 바다에서
바람이 거의
불지 않는 지역으로,
몇 주 동안 배가
움직일 수 없어요.
순풍
주사위를 한 번
더 던져요.
스콜의 공격을
받았어요.
선원 4명을 잃어요.
스콜이란 돌풍처럼 갑자기 불어오는
강한 바람으로, 작은 배들을
뒤집어 버리기도 해요.
도착
마엘스트롬으로 빨려 들어갔어요!
배와 모든 선원을 잃어요.
마엘스트롬은 배를 아래로 빨아들일 수
있을 만큼 강력한 소용돌이예요.
두 바다에서 온 해류가 서로 충돌해서
만들어져요.

88 해산물 요리에…

뜻밖의 성분이 들어 있을지도 몰라요.

바다 플라스틱 2편 복수를 위해 돌아오다!

바다에는 50조 개가 넘는 미세 플라스틱 조각이 있을 거라고 해요. 어류와 조개류가 먹이인 줄 알고 미세 플라스틱 쓰레기를 삼키면 몸속으로 흡수돼요. 우리가 생선과 조개를 먹으면, 작은 플라스틱 조각들은 다시 우리에게로 돌아와요.

"인간이 우리에게 플라스틱을 먹였으니…

…인간들에게 그대로 다시 먹여 주자!"

주연

수 톤의 플라스틱 쓰레기

특별 출연

혼합 속 미세 플라스틱	도미 속 병 조각	대구 속 포장재

★ "그냥 지나칠 수 없는 문제!"

★ "우리는 반드시 플라스틱 쓰레기를 줄여야 한다!"

★ "모두의 건강을 위협하는 심각한 문제!"

89 동물들이 태평양을 건넜어요…

떠다니는 쓰레기를 타고서요.

2011년, 거대한 지진 파도 **쓰나미**가 일본을 강타해 수백 마리의 동물이 바다로 쓸려 떠내려갔어요. 몇 달 후, 이 동물들 중 많은 수가 다시 육지로 돌아왔는데, 그곳은 일본이 아닌 북아메리카였어요.

대부분의 생물은 몇 년 동안 썩지 않고 떠다닐 수 있는 플라스틱 쓰레기에 올라타 6,500킬로미터를 여행했어요.

그 동물들은 홍합, 게, 말미잘, 갯민숭달팽이, 해파리, 삿갓조개, 따개비, 각종 벌레와 물고기들이었어요.

떠다니는 플라스틱 부두 위에 올라탄 120여 종의 다양한 동물들은 **15개월**만에 미국 오리건주에 상륙했어요.

2년 동안 바다를 떠돈 보트 한 척이 미국 워싱턴주 해안으로 밀려왔는데, 그 안에 살아 있는 물고기 6마리가 타고 있었어요.

모두 합쳐 약 300종의 동물이 미국에 도착했어요. 이는 지금까지 한꺼번에 가장 많은 수의 동물이 떠난 여행이었어요. 과학자들은 이 이주자들이 새로 도착한 지역의 야생 동물들에게 어떤 영향을 미치는지 알아내기 위해 계속 관찰하고 있어요.

90 해저 탐험가와 우주 탐험가는…

수중 실험실을 집이라고 불러요.

미국 플로리다 키스 제도에 있는 키라고섬 앞바다에서 바닷속으로 19미터를 내려가면 **아쿠아리우스 산호 기지**가 있어요. 세계에서 하나밖에 없는 영구적인 수중 실험실이지요. 과학자들은 해양 생물을 연구하기 위해, 우주 비행사는 우주에서의 생활을 준비하기 위해 이곳에 머물러요.

플로리다 국제대학교가 운영하는 이 실험실은 전 세계의 과학자들이 사용하고 있어요.
해저 탐험가라고 불리는 과학자들은 한 번에 2주까지 기지에 머무를 수 있어요.
과학자들은 기지에서 생활하면서 하루에 약 9시간 동안 주변 바다를 탐험할 수 있어요.
과학자들은 해양 생물을 조사하고, 기후 변화와 해양 오염이 미치는 영향을 연구해요.
세월이 흐르면서 기지 주위로 단단한 산호초의 살아 있는 껍질이 자라나, 기지가 손상을 입지 않게 보호해 주어요.

미국항공우주국(NASA)은
'극한환경 임무수행' 프로그램을 수행하기 위해
이 수중 기지를 이용해요.

극한환경 임무수행 프로그램의 훈련을 받는
우주 비행사들은 미래의 우주 임무를 위해
새로운 항법 기술과 장비들을 시험해요.

91 해양 야생 생물은 알려진 것보다…

알려지지 않은 종이 더 많아요.

2000년대 초, 전 세계 수백 명의 과학자들이 '**세계 해양 생물종 등록부**'를 만드는 10년간의 임무를 시작했어요. 이것은 바다에 사는, 이름이 붙여진 모든 종의 목록이라는 뜻이에요. 과학자들은 해양 생물 중 대부분은 아직 발견되지 않았을 거라고 생각해요.

알려진 종

250,000종

이 숫자는 계속 바뀌어요.
해마다 약 **2,000종**의 생물이 새롭게 발견되어
이름이 붙여져요. 그리고 매년,
알려진 일부 종들이 멸종 위기에 처하지요.

멸종 위기종

어떤 종들은 공식적으로
멸종 위기종으로 불려요.
야생에 남아 있는 개체 수가 많지 않고,
사라질 위기에 처했다는 뜻이에요.

합계: 알 수 없음

현재 *알려진* 멸종 위기종은
2,000종이 훨씬 넘어요.
하지만 멸종 위기에 처했지만,
아직 *알려지지 않은* 종도
아주 많아요.

알려지지 않은 종

500,000종 이상

과학자들이 추정하기로는, 50만 종 이상의 해양 생물이
아직 발견되지도 않았고 이름도 붙여지지 않았다고 해요.

대부분은 조개류, 달팽이류, 민달팽이류, 갑각류,
동물 플랑크톤, 식물 플랑크톤일 가능성이 높은데,
거의 다 크기가 아주 작아요.

해마다 얼마나 많은 종이 미처 알려지지도 않은 채
멸종 위기에 빠지는지 알 수조차 없어요.

멸종된 종

해마다 얼마나 많은 수의 알려진 종과
알려지지 않은 종이 멸종하는지 알 수 없어요.
어쨌든 그만큼의 생물종이 바다에서
영원히 사라진다는 것을 뜻해요.

92 물고기도 뱃멀미를 해요…

너무 심하게 밀어붙이지 마세요.

거의 대부분의 사람과 대다수의 육지 동물은 파도가 일렁이는 바다 위를 항해하면 병이 나기 쉬워요. 사람이든 동물이든 뱃멀미가 나면 어지럽고 구역질이 나죠. 심지어 물고기조차 예외가 아니에요.

물고기의 뇌를 연구하던 한 과학자는 우주 공간의 무중력 상태와 비슷하게 만든 비행기 안에 물고기를 넣으면, 물고기가 힘없이 어지러워한다는 사실을 발견했어요.

비행기가 가파르게 올라가다가
높은 고도에서 갑자기 하강해요.
그러면 비행기 내부에 약 30초간
무중력 상태가 만들어져요.

이 과학자에 따르면, 실험이 진행되는 동안 여러 마리의 물고기가 좁은 원을 그리며 돌기 시작했고, 마치 토할 것 같은 모습을 보였다고 해요.

93 선원들은 땅 멀미가 날 수 있어요…

항해를 너무 오래 했기 때문이죠.

많은 사람이 궂은 날씨에 배를 탔다가 겪는 뱃멀미는 사실, 다양한 상황에서 생겨나는 멀미의 종류 중 하나예요.

멀미가 발생할 수 있는 상황을 보면…

…배를 탈 때

…낙타를 탈 때

…차를 탈 때

멀미는 자신이 예상하는 움직임과 실제로 느끼는 움직임이 다를 때 일어나요. 두 가지가 다르면 뇌에서 균형을 담당하는 부분이 불안정해져서 메스꺼움, 구토, 식은땀 등의 증상이 나타나요.

…우주에서

…가상 현실에서

…육지에서

선원들은 대개 배의 움직임에 적응해서 뱃멀미를 극복할 수 있어요. 하지만 육지에 내렸을 때, 선원들의 뇌는 곧바로 땅에 적응하지 못하죠. 선원들은 오히려 발밑의 땅이 흔들리고 움직이는 것처럼 느껴요. 이런 '땅 멀미'는 며칠 동안 지속될 수도 있어요.

94 유령선은…

역사학자들에게 여전히 수수께끼예요.

1872년 12월, 대서양을 항해하던 선원들이 우연히 *메리 셀레스트호*라는 배를 발견했어요. 그 배는 파도가 일렁이는 바다에서 이리저리 흔들리고 있었지요. 배 안에는 여기저기 물이 차 있었지만, 화물은 그대로 남아 있었어요. 그런데 사람은 아무도 없었어요. 그 배는 유령선이었어요.

무슨 일이 일어났는지는 완전한 수수께끼로 남아 있어요.

이 배는 1872년 11월 7일, 미국 뉴욕에서 이탈리아 제노아로 출항했어요.

메리 셀레스트호의 상상도

메리 셀레스트호의 수수께끼: 미해결

배의 항로
발견 지점

브리그스 선장

브리그스 선장의 행방: 알 수 없음.

선원 7명의 행방: 알 수 없음.

브리그스 선장의 부인과 딸의 행방: 알 수 없음.

발견 10일 전에 마지막으로 기록된 항해 일지

주요 사실:

- 배의 돛이 올려져 있음.
- 배 안에 선원들의 소지품이 남아 있음.
- 6개월 치 식량과 물이 있음.
- 유일한 구명보트는 사라짐.

가설 1: 바다 괴물

바다 괴물이 깊은 바닷속으로 끌고 갔을까?

가능성 희박.

가설 2: 토네이도

용오름이 솟구쳐 선원들이 대피했을지도 모른다. 이는 배에 물이 차 있었던 이유를 설명해 준다. 하지만 왜 배는 피해를 입지 않았을까?

가능성 있음.

가설 3: 폭발에 대한 두려움

화물 중 알코올 종류가 있었는데, 그게 새어 나왔을지도 모른다. 선원들은 아마도 폭발이 무서워 배를 버렸을 것이다.

가능성 있음.

95 딱총새우가 내는 소리에…

귀가 멀 수도 있어요.

딱총새우는 흔히 볼 수 있는 새우의 한 종류예요. 강력한 집게발을 빠르게 부딪혀 어떤 바다 생물보다도 큰 소리를 내요.

딱총새우의 집게발 소리는 엄청나게 시끄러운데…

…수중 청음기(물속에서 나는 소리를 듣기 위한 기계)로 **200데시벨**이 넘는 음량을 기록했어요. 이것은 이륙하는 우주 로켓만큼이나 시끄러운 소리예요.

…딱총새우가 내는 끊임없는 **탁탁** 소리는 수중 드론과 잠수함의 통신 시스템을 방해해요.

…딱총새우는 **딱딱** 집게발 소리로 포식자들을 겁주고, 먹이인 게와 벌레, 물고기를 기절시켜요.

사실 이 소리는 집게발이 서로 부딪혀서 나는 게 아니에요. 집게발을 빠르게 치면 기포가 생기는데, 이 기포가 **펑** 터지면서 번쩍이는 빛과 함께 귀청을 찢는 듯한 소리가 나는 거예요.

96 손에 넣을 수 없는 금이…

바다 곳곳에 흩어져 있어요.

수 세기 동안, 금을 찾는 사람들은 땅 밑의 암석에서 금을 캐거나 강바닥의 바위에서 금을 분리해 냈어요. 하지만 바다에는 훨씬 더 많은 금이 있어요. 문제는 추출이 거의 불가능하다는 거예요.

어쩌다가 방법을 찾았다고 주장하는 사람들이 나타났지만, 그런 사람들은 모두 사기꾼으로 밝혀졌어요.

97 잠수함의 침대는…

절대 비는 일이 없어요.

잠수함에서는 아주 작은 구석 공간도 매우 소중해요.
침대보다 선원의 수가 더 많을 때도 많기 때문에, 선원들은 침대를 나누어 쓰고 교대로 잠을 자요.

일반적인 군용 잠수함은 길이가 약 100미터로, 승조원은 100명쯤 돼요.

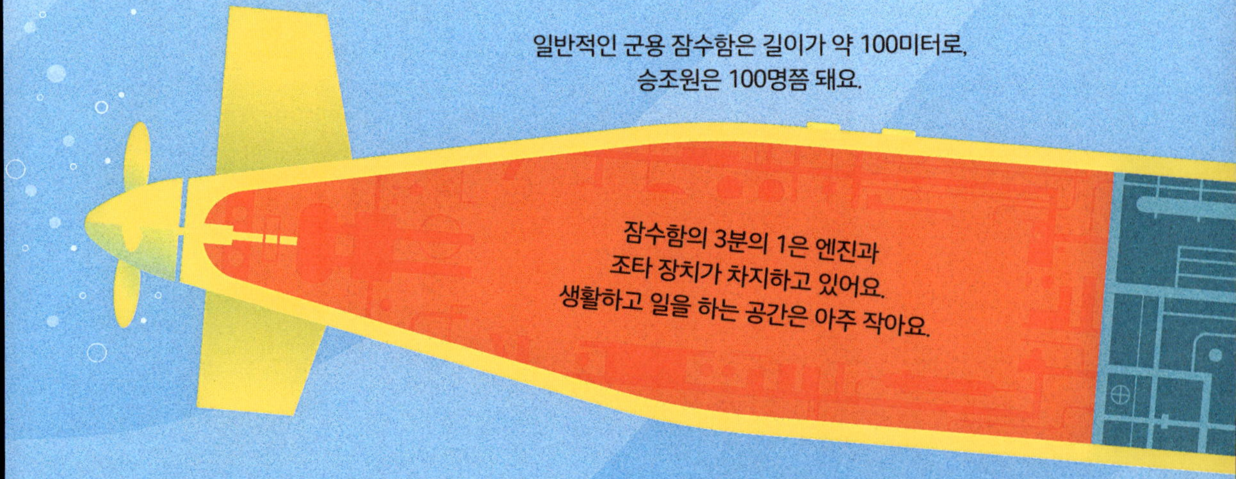

잠수함의 3분의 1은 엔진과 조타 장치가 차지하고 있어요. 생활하고 일을 하는 공간은 아주 작아요.

이 잠수함은 원자력으로 움직여요. 그래서 기름을 넣을 필요가 없고, 바닷물을 이용해 자체적으로 공기와 신선한 물을 만들어요.

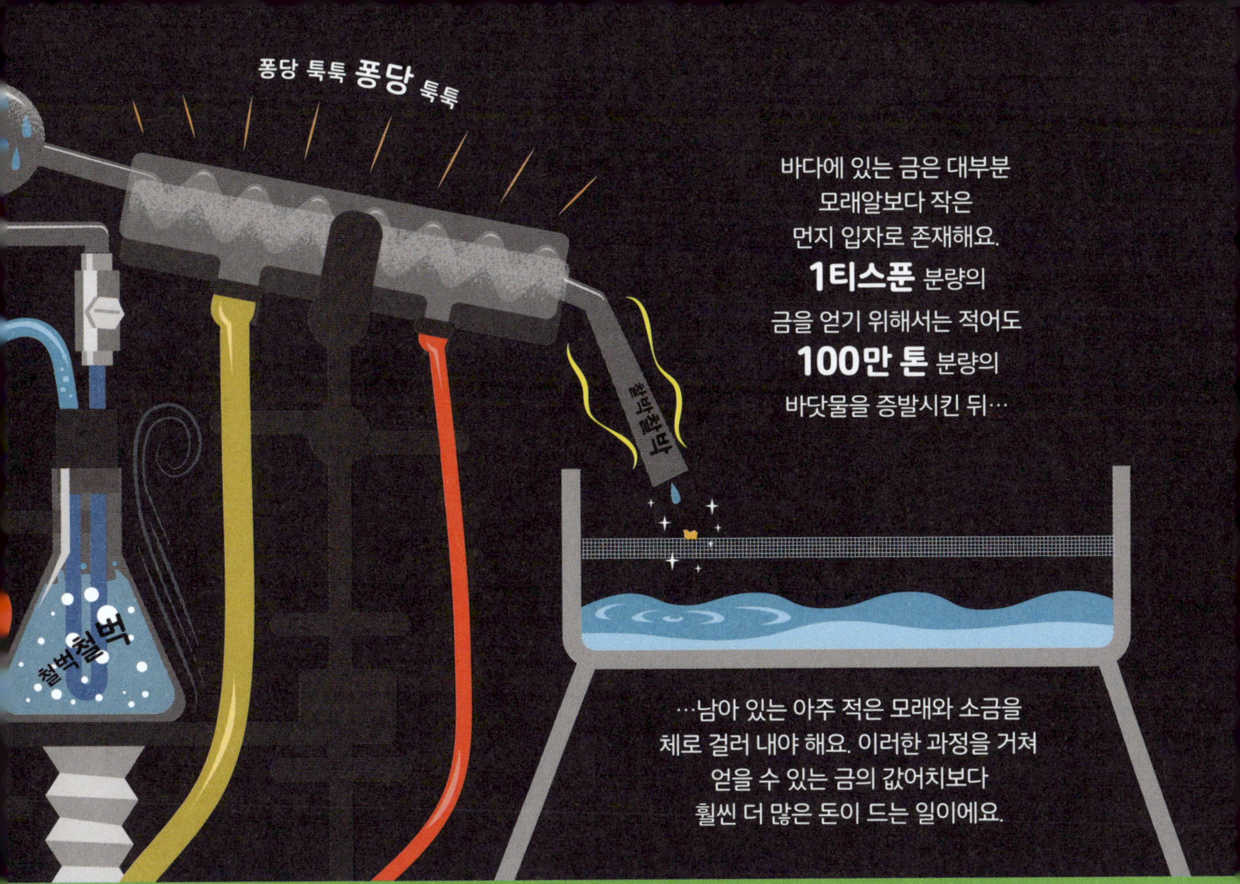

퐁당 툭툭 퐁당 툭툭
찰박찰박
철벅철벅

바다에 있는 금은 대부분
모래알보다 작은
먼지 입자로 존재해요.
1티스푼 분량의
금을 얻기 위해서는 적어도
100만 톤 분량의
바닷물을 증발시킨 뒤…

…남아 있는 아주 적은 모래와 소금을
체로 걸러 내야 해요. 이러한 과정을 거쳐
얻을 수 있는 금의 값어치보다
훨씬 더 많은 돈이 드는 일이에요.

배에서의 생활은 종종 18시간 주기를 따라요. 6시간의 작업, 6시간의 훈련과 여가 활동, 6시간의 수면이지요.

잠수함 승무원 한 명이 근무를 하기 위해 침상을 떠나면, 다른 승무원이 즉시 그 침상으로 들어가요. 이것을 **핫 벙킹**이라고 해요. 따뜻한 침상을 나눈다는 뜻이에요.

침상은 여분의 보급품을 저장하기 위해서 사용될 수도 있어요.

잠수함 승무원의 침상

0.45 미터
사생활 보호를 위한 얇은 커튼
1.9미터
파스타 몇 상자

대부분의 승조원은 여기 있는 3층 선반처럼 생긴 침상에서 잠을 자요. 오직 선장만이 개인 방을 가지고 있지요.

잠수함에서는 절대로 문을 쾅 닫아서는 안 돼요. 언제든 승조원의 3분의 1은 자고 있을 시간이니까요!

98 700마리의 양이 있어야…

바이킹 롱십이 항해를 할 수 있어요.

바이킹은 수심이 얕은 피오르* 또는 폭풍우 치는 바다를 건너기에 적합한 배를 아주 잘 만들었어요. 1,000년 전, 바이킹들은 그 배를 타고 북유럽과 지중해, 심지어 대서양을 가로질러 항해했어요. 하지만 수많은 양이 없었다면 그 어떤 일도 불가능했을 거예요.

* 빙하에 깎여 만들어진 U자 골짜기에 바닷물이 들어와 만들어진 좁고 기다란 만.

'롱십'이라는 바이킹의 배에는
커다란 사각형 돛을 달았는데,
자신들이 기르던 양 떼의 양털을
깎아서 만들었어요.

30미터짜리 바이킹 롱십에 필요한 돛을 만드는 데는 양 **700마리** 정도의 양털이 필요했어요.

20명의 조선공이 바이킹 롱십 한 척을 만드는 데는 약 **6개월**이 걸렸어요.

돛은 **20명의 방직공**이 꼬박 **1년 동안** 일을 해야 만들 수 있었을 거예요.

99 가장 긴 서핑 보드는…

귀족들을 위한 것이었어요.

고대 하와이 문화에서는 여자든 남자든, 부자든 가난한 사람이든 상관없이 누구나 서핑을 했어요. 300년 전에는 누구든 *알라이아* 보드를 타고 서핑을 할 수 있었지만, 올로 보드는 선택된 소수의 사람만 탈 수 있었어요.

올로는 길이가 **6미터**정도 되는 서핑 보드였어요.

오직 왕과 왕비, 성직자들만이 이 특별한 서핑 보드를 탈 수 있었지요.

올로는 낮고 경사진 파도를 길게 타는 데 가장 적합했어요.

보통 사람들은 알라이아를 타고 서핑을 했어요. 약 **3미터** 길이의 보드였지요.

알라이아는 가파르고 빠르게 부서지는 파도를 짧게 타는 데 가장 적합했어요.

오늘날에는 길고 안정적인 서핑 보드는 초보자들이 주로 이용하는 반면, 숙련된 서퍼들은 어려운 묘기를 펼치기 위해 더 짧은 보드를 타요.

100 물살을 가르는 호랑이는…

바다를 헤엄쳐 건널 수도 있어요.

많은 고양잇과 동물이 물을 싫어하지만, 호랑이는 수영을 아주 잘해요.
호랑이들은 실제로 깊은 물을 가로질러 몇 킬로미터나 되는 거리를 헤엄칠 수도 있고, 먹잇감을 좀 더 쉽게 잡기 위해 일부러 물 쪽으로 몰기도 해요.

호랑이는 바다에서 **15킬로미터**의 거리를 헤엄칠 수 있고, 강에서는 두 배나 더 멀리 갈 수 있다고 해요.

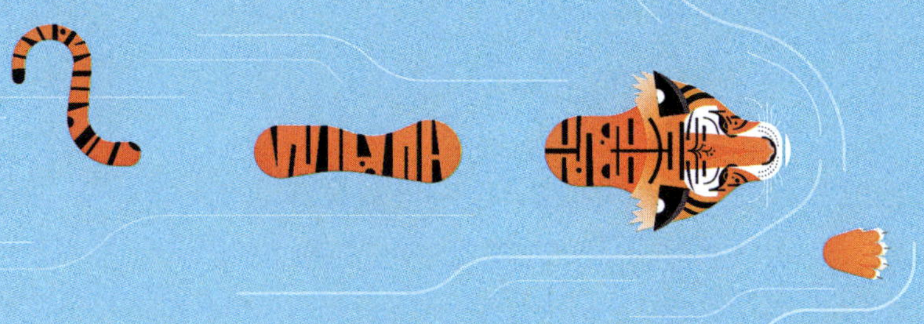

인도네시아에 사는 수마트라호랑이는 발가락에 물갈퀴까지 있어서 뛰어난 장거리 수영 선수가 될 수 있었어요.

수마트라호랑이는 새 영역과 먹잇감을 찾아 섬에서 섬으로 건너간다고 알려져 있어요.

바다의 위치는 어디일까요?

이 책에서 설명한 몇몇 바다들을 각 제목의 번호로 세계 지도에 표시하여 위치를 나타냈어요.

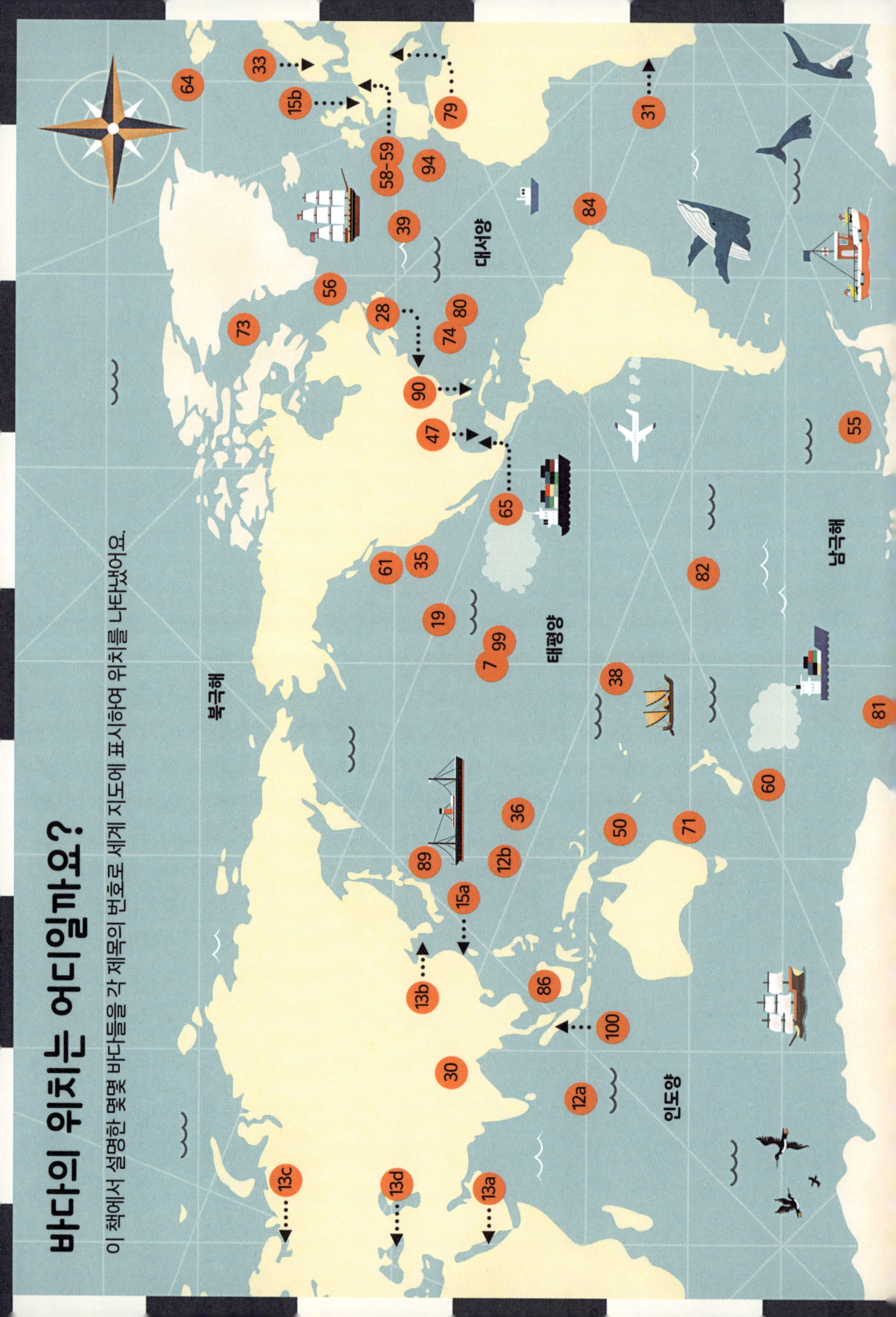

- 7 하와이의 검은 모래 해변
- 12a 심해유리해면이 발견되는 곳
- 12b 세상에서 가장 깊은 마리아나 해구
- 13a 홍해
- 13b 황해
- 13c 백해
- 13d 흑해
- 15a 푸저우항에서 홍차 경주가 시작되었어요.
- 15b 런던에서 홍차 경주가 끝났어요.
- 19 거대한 태평양 쓰레기 섬
- 28 잠수정 *앨빈호*가 침몰한 곳. 10개월 후에 구조되었어요.
- 30 에베레스트산 - 한때 해저의 일부였어요.
- 31 해골 해안
- 33 바다를 부르는 이름이 200개나 있는 스칸디나비아
- 35 켈프 숲은 이 해안을 따라 찾을 수 있어요.
- 36 비키니 환초
- 38 폴리네시아 - 작은 섬들이 흩어져 있는 광대한 지역
- 39 대서양 중앙 해저 산맥
- 47 뜨거운 절망의 욕탕
- 50 샌디 아일랜드가 있어야 할 곳이지만, 실제로는 존재하지 않아요.
- 55 블루프가 있을지도 모르는 곳
- 56 그린란드상어가 자라는 곳
- 58-59 네덜란드
- 60 아남극 군도
- 61 고질라, 모스라, 사스콰치
- 64 *프람호*가 얼음 사이를 빠져나온 곳
- 65 이주하는 딱따구리
- 71 옥토폴리스
- 73 이곳에서 좋은 카약이 만들어져요.
- 74 사르가소해
- 79 베네치아
- 80 뱀장어가 알을 낳는 곳
- 81 로스해와 뒤집힌 세상
- 82 우주선 묘지
- 84 바닷가재 전쟁이 일어난 곳
- 86 바자우족이 살고 잠수하는 지역
- 89 2011년 일본에 쓰나미가 들이닥쳤어요.
- 90 아쿠아리우스 산호 기지
- 94 *메리 셀레스트호*가 발견되었어요.
- 99 올로와 알라이아는 이곳에서 사용되었어요.
- 100 수마트라에서 수영하는 호랑이

낱말 풀이

이 책에 실린 중요한 단어들의 뜻을 풀어 놓았어요.
*이탤릭체*로 나타낸 단어는 따로 풀이가 실려 있답니다.

갑판 큰 배 위에 나무나 철판을 깔아 놓은 평평한 바닥으로, 선원들이 일을 하는 공간.

공생 종류가 다른 두 종의 생물이 서로 도우며 살아가는 것.

공해 어느 나라에도 속하지 않고, 어떤 나라의 법도 영향을 미치지 않는 바다.

광합성 녹색 식물이 햇빛을 에너지로 전환하는 과정.

구명보트 비상시에 탈출하기 위해 큰 배에 싣고 다니는 작은 배.

규조류 바다에 사는 작은 단세포 *조류*.

대기 지구를 둘러싸고 있는 기체 층.

데드존 산소가 거의 또는 전혀 없는 해양 지역을 가리키는 말로, 종종 *오염 물질* 때문에 생겨요.

동물 플랑크톤 바다를 떠다니는 동물 형태의 아주 작은 생물.

돛 배의 *돛대*에 매다는 것으로, 바람을 이용해 배가 바다를 항해할 수 있게 해 주어요.

돛대 돛을 치기 위해 배 위에 세운 기둥.

롱십 돛이나 노를 저어 움직이는 길고 좁은 배로, 고대 바이킹들이 사용했어요.

마스트헤드 *돛대* 꼭대기, 즉 *돛대*의 가장 윗부분을 부르는 말이에요.

매너티 바다에 사는 포유류의 한 종류로, 종종 바다소라고도 불러요.

맹그로브 바닷물에서도 자랄 수 있는 나무의 한 종류로, 뿌리가 기둥처럼 길어요.

무척추동물 등뼈가 없는 동물의 종류를 부르는 말.

무풍대 바람이 거의 불지 않는 잔잔한 바다 지역으로, 범선들은 오도 가도 못할 수도 있어요.

미세 플라스틱 크기가 5mm보다 작은 플라스틱 조각.

바닥짐 선박을 안정되게 유지하기 위해 배 아래쪽에 넣는 모래나 자갈 같은 무거운 짐을 말해요.

박테리아 세계 곳곳에서 발견되는 매우 작은 생물.

뱃노래 샨티 전통적으로 선원들이 일을 하면서 사기를 북돋우기 위해 불렀던 노래.

뱃머리 *선체*의 앞부분.

블랙 스모커 검은 연기를 내뿜는 열수구의 한 종류.

빙산 빙하나 빙붕(평평한 얼음층)에서 깨어져 나와 바다에 떠 있는 커다란 얼음 덩어리.

산호 얕은 물속에서 살며 *암초*를 형성하는 *무척추동물*의 한 종류.

색소포 갑오징어와 같은 생물들의 몸에 있는 특수한 세포로, *위장*을 도와주어요.

생물 발광 특정 생물이 스스로 빛을 내는 능력.

생물종 특정한 종류의 식물이나 동물 또는 다른 생물.

선미 고물이라고도 부르며, *선체*의 뒷부분을 말해요.

선체 배의 주요 부분과 뼈대.

수중 청음기 물속에서 나는 소리를 들을 수 있도록 만든 기계 장치.

식물 플랑크톤 바다를 떠다니는 아주 작은 식물 형태의 생물로, *광합성*을 해요.

쓰나미 지진 해일이라고도 부르는 거대한 파도로, 종종 *해저*에서 발생한 지진 때문에 생겨요.

쓰레기 소용돌이 소용돌이처럼 돌고 있는 쓰레기와 *미세 플라스틱* 더미로, *환류* 지대 한가운데에 있어요.

암초 *해수면* 가까이 불룩하게 솟아 있는 바위 또는 산호초예요. 얕은 바닷속 *산호*나 암석이 많이 모여 있는 곳에서 수많은 *생물종*이 살아요.

열수구 화산 활동 인근 지역의 *해저*에서 발견되는 갈라진 틈으로, 뜨거운 물이 뿜어져 나와요.

염수호 소금 호수.

영해 한 나라의 주권이 미치는 바다로, 해안에서부터 일정 거리로 표시해요. 일반적으로 22km까지로 정하고 있으며, 그 바깥은 *공해*예요.

오염 물질 자연 환경으로 흘러들어 피해를 주는 폐기물이나 화학물질.

와편모조류 종종 *생물 발광*을 하는 수중 *식물 플랑크톤*.

용골 배가 안정감을 유지할 수 있도록 배 바닥을 받치는 단단한 구조물.

용암 화산에서 흘러나오는, 녹아 있는 상태의 뜨거운 암석.

위장 주위 환경을 닮은 색깔이나 무늬 등을 이용해 자신의 모습을 숨기는 것을 말해요.

유령 그물 사람들이 잃어버리거나 바다에 내버린 고기잡이 그물로, 여전히 물고기가 걸려들어요.

이산화탄소 지구 *대기*에 열을 가두는 역할을 하는 기체예요.

이주 생물들이 대규모로 한 장소에서 다른 장소로 옮겨 가는 현상.

잠수정 바다 밑을 탐사하기 위해 만들어진 작은 배로, 보통 *해수면*에서 대기하고 있는 지원선의 도움이 있어야 해요.

잠수함 자력으로 오랫동안 물속을 다닐 수 있는 배.

조난자 항해나 등산을 하는 도중에 재난을 만난 사람.

조류 김, 미역과 같은 식물 형태의 유기체. 일반적으로 물속이나 물가에서 자라요.

지각판 지구의 지각을 구성하는 거대한 땅덩어리.

척추동물 등뼈를 가진 동물의 종류를 부르는 말.

카약 조종석이 덮개로 덮여 있는 가벼운 배로, 보통 한 사람이 노를 저어 가요.

컨테이너 전 세계에서 *화물*을 운송하는 데 사용하는 커다란 금속 상자.

코어 연구를 위해 *해저*를 드릴로 뚫어서 뽑아낸 시료나 샘플.

클리퍼 쾌속 범선의 한 종류.

탈수 몸이 섭취하는 수분보다 더 많은 수분을 잃어 나타나는 증상으로, 심하게 아플 수 있어요.

프로펠러 또는 스크루 프로펠러. 배를 앞으로 내보내기 위해 물속에서 회전하는 기계 장치.

해류 한 방향으로 이동하는 연속적인 바닷물의 흐름.

해리 바다에서 거리를 나타내는 단위로, 약 1.85km.

해수면 해수면 높이는 지구 위에서 고도와 깊이를 측정할 때 기준이 되는 높이.

해저 바다의 밑바닥.

화물 배나 기차, 비행기 등으로 한 곳에서 다른 곳으로 운반되는 물건.

화물선 무겁거나 부피가 큰 *화물* 또는 그런 *화물*을 실은 *컨테이너*를 운송하도록 만든 대형 선박.

화석 암석에 보존된 죽은 식물이나 동물의 유해 또는 그 흔적.

환류 *해류*들이 합쳐져 바다에서 큰 원을 그리며 소용돌이치는 현상.

범선의 구조: 티 클리퍼

찾아보기

ㄱ

가니메데 29
갑오징어 14-15
갑판 23, 62, 65
강모입고기 90, 91
거대한 태평양 쓰레기 섬 25
고기잡이 52, 56
고래 12, 17, 34, 40-41, 42, 49, 52, 66-67, 87
공생 26, 58
관벌레 75
광합성 19
구명보트 39, 83, 114
굴 34
규조류 93
금 79, 116-117
깃발 13, 31

ㄴ

난파 35, 38-39, 72-73, 79
남극 72, 97
네덜란드 70-71
노란입술바다뱀 52

ㄷ

대기 80, 98
대보초청자고둥 53
대양
　남극해 28, 77
　대서양 6, 8-9, 28, 31, 35, 50, 68, 82, 88-89, 92, 96, 114, 118
　북극해 28, 68, 77, 87
　인도양 17, 28
　태평양 24-25, 28, 29, 35, 46, 48, 74, 82, 98, 107
대포 95, 100
데드존 57
동물 플랑크톤 86, 111
돛 11, 20-21, 94, 114, 118-119
돛대 11, 20, 95, 104

ㅁ

마리 타프 50
마리아나꼼치 17
말미잘 26, 58, 97, 107
매너티 92
맹그로브 나무 60
메리 셀레스트호 114
메탄 51, 59
멕시코만 35, 59, 78
멸종 110-111
모래 10, 18, 38-39, 51, 53, 63, 65, 70, 82, 84, 102, 117
무풍대 105
문어 14, 40, 52, 84-85

ㅂ

바다
　로스해 97
　백해 18
　사르가소해 88-89, 96
　지중해 94, 102, 118
　카리브해 31, 92
　홍해 18
　황해 18
　흑해 18
바닥짐 102
바닷가재 40, 42, 101
바이킹 42, 81, 118-119
뱀장어 30, 89, 96
뱃노래 11
뱃머리 20-21
뱃멀미 112, 113
베네치아 94-95
블랙 스모커 35, 74
블루프 67
비키니 환초 46, 47
빙붕 97
빙산 5, 63

ㅅ

산성비 22
산소 19, 57, 59, 93, 103
산호초 14, 46, 47, 52, 58, 61, 103, 108

상어 30, 47, 49, 60, 65, 68, 76, 78, 89
새우 34, 97, 115
생물 발광 27, 90
서핑 33, 120
선박 건조 94-95
선체 20-21, 77, 94-95
섬 46, 47, 48-49, 72-73, 121
 유령 섬 62-63
성게 44-45
소라게 26
수중 청음기 5, 115
스발바르 제도 77
식물 플랑크톤 19, 65, 111
심해유리해면 17
쓰나미 69, 107

ㅇ

앨빈호 35
어탁 64
에베레스트산 36-37
열수구 35, 74-75
염수호 59
영해 41, 79, 100
오염 21, 47, 54, 57, 108
오징어 14-15, 16, 67, 86, 90
용암 10
우주선 51, 98-99
운하 70-71, 95
위장 14-15, 52, 90
유령 그물 56
유황 75
은하수 54
이빨물고기 16
일본 24, 98, 107

ㅈ

잠수부 103
잠수정 35, 74
잠수함 65, 115, 116-117
점쏠배감펭 53
제방 70
조난자 72-73
조류 19, 57, 58, 93, 97
 와편모조류 27

ㅊ

청어 떼 6

ㅋ

카약 87
컨테이너 36-37
켈프 44-45
코어 82
크리스토퍼 콜럼버스 92
클리퍼 20-21

ㅌ

타이탄 51
탈수 76

ㅍ

파랑비늘돔 61
폭탄 35, 46, 47
프람호 77
프로클로로코쿠스 19
프로펠러 20-21, 34
플라스틱 24, 54, 56, 60, 106, 107
 미세 플라스틱 54, 106

ㅎ

하데스대 80
한국 18
해골 해안 38-39
해달 42, 44-45, 60
해류 8-9, 24-25, 38, 86, 88-89, 96, 104-105
 기아나 해류 8-9
 멕시코 만류 8-9, 88
 북대서양 해류 8-9
 북적도 해류 8-9, 24-25, 89
 북태평양 해류 24-25
 아조레스 해류 89
 앤틸리스 해류 88
 적도 반류 24-25
 카나리아 해류 8-9, 89
 캘리포니아 해류 24-25
 쿠로시오 해류 24-25
 플로리다 해류 8-9
해리 81, 100
해산물 사기 43
해상 기상 통보 81
해수면 12, 18, 35, 65, 70-71, 104
해저 탐험가 108
해저, 바다 밑바닥 7, 18, 26, 30, 35, 36-37, 50, 57, 59, 65, 69, 74, 79, 82, 84, 93, 97, 100, 108-109
해적 7, 31
해조(류) 15, 44, 55, 88-89
행운의 징조 23
호랑이 121
호주 84-85
홍합 59, 106, 107
화물선 20-21, 34, 98, 99
화석 36
환류 8-9
흰동가리 58

세상이라는 바다에 이 책을 띄우기 위해…

여러 승무원이 힘을 합쳐 일했어요.

조사 · 글
제롬 마틴, 알렉스 프리스, 앨리스 제임스,
란 쿡, 미나 레이시, 리지 코프

디자인
제니 오플리, 윈섬 다브루, 틸리 키칭,
렌카 흐레호바, 사무엘 고램

그림
도미니크 바이런, 데일 에드윈 머레이,
페데리코 마리아니, 쇼 닐슨, 제이크 윌리엄스

전문가 감수
로저 트렌드 박사,
잭 H. 래버릭 박사

시리즈 편집 루스 브로클허스트
시리즈 디자인 스티븐 몽크리프

우리는 타르와 끈으로 이 책을 묶었다네
가자, 출발하세!
인어가 등 뒤로 긴 머리카락을 빗고 있구나
가자, 출발하세, 동료여!

한국어판 1판 1쇄 펴냄 2021년 6월 1일 | **1판 2쇄 펴냄** 2021년 12월 31일
옮김 송지혜 **편집** 강소희 **디자인** 황혜련 **펴낸곳** (주)비룡소인터내셔널 **전화** 02)6207-5007 **팩스** 02)515-2007
한국어판 저작권 © 2021 Usborne Publishing Limited

영문 원서 100 THINGS TO KNOW ABOUT OCEANS **1판 1쇄 펴냄** 2021년
글 제롬 마틴 외 **그림** 도미니크 바이런 외 **디자인** 제니 오플리 외 **감수** 로저 트렌드 박사 외
펴낸곳 Usborne Publishing Limited usborne.com
영문 원서 저작권 © 2021 Usborne Publishing Limited

이 책의 영문 원서 저작권과 한국어판 저작권은 Usborne Publishing Limited에 있습니다.
저작권법에 의하여 한국 내에서 보호를 받는 저작물이므로 무단전재와 복제를 금합니다.
어스본 이름과 풍선 로고는 Usborne Publishing Limited의 트레이드 마크입니다.

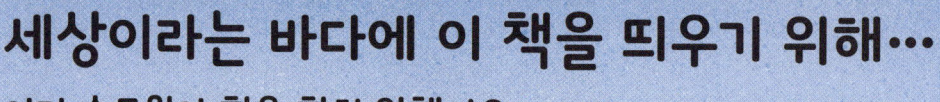